U0087172

我的夢想清單 03

追夢阿根廷

探索萬年冰川 漫步南美巴黎

達特克里斯、利翠珊、Ken、鐵小娜、
沈卡洛、劉兆明、李方桂、梁淑美、珠珠／合著

序一 解鎖你的阿根廷夢想清單

中文上常有的說法「天涯海角」，是形容一個地方非常遙遠的意思。英國格林威治是經度零度線通過的地方，位於東經一百二十一．七度的臺北與西經五十八．二度的布宜諾斯艾利斯，拉出了一百七十九．九度的距離，也就是兩個城市剛好在地球相對面，且一個在北半球，另一個在南半球。阿根廷對臺灣人來說，無疑就是天涯海角，非常難以抵達之處，從臺灣出發，不管是往東飛越太平洋，或是往西飛越大西洋，都一樣遠。前往阿根廷是一趟非常偉大的旅行，因此，這個國家會被資深的旅人列入人生的夢想清單之一。

阿根廷是一個位於南美洲的陌生國度，深度歐化讓首都布宜諾斯艾利斯的城市景觀宛如歐洲大城，因此有「南美小巴黎」的稱號。探戈、烤肉、瑪黛茶，無疑是初次到訪阿根廷後會首先在市區體驗到的在地文化。喜歡吃牛肉的人會把這裡當天堂，驚訝於餐廳端出來的牛肉份量。阿根廷人口稀少，且集中在首都周遭，從前往「世界盡頭」烏斯懷亞的飛機上向下俯瞰，可以看見狹長又美麗的南美洲海岸線，與智利接壤的高山即使在夏季，山頭都蓋著靄靄白雪，美麗極了。阿根廷擁有豐富的自然景觀與多樣化的生態，伊瓜蘇瀑布、大冰川國家公園、火地島國家公園都讓人留下深刻的印象，這些鬼斧神工的自然奇景，無法用言語形容。二〇二二年底我初訪阿根廷，剛好是世界盃足球賽季，阿根廷進入前四強，而當我離開阿根廷的時候，全球足球男神梅西已經率領阿根廷國家隊獲得世界盃冠軍，凱旋回國。當時讓我見識到阿根廷民眾對於足球的熱情。二〇二三年底我再訪阿根廷，相較前一年度尚在疫情期間、觀光客少之又少，復甦後的阿根廷充滿活力，向世界各國的遊客展現多采多姿的城市樣貌，以及南美洲的熱情。

我們公司有三位南美洲的同事，都是在當地出生長大的華裔二代或三代，其中兩位就是阿根廷人，因此我常聽他們談起當地的生活。他們愛臺灣，也愛阿根廷，雖然長期居住在臺灣，已經融入臺灣社會，但他們的國家是阿根廷，媒體對其故鄉阿根廷的一些報導，往往流於片面，他們也常感到不解，很希望將真正的阿根廷介紹給臺灣人，讓臺灣民眾也能感受到阿根廷的美是獨一無二的。確實，我們對於這個遙遠國度的認識，絕大多數資訊都是透過媒體報導，你很少能聽到周邊的朋友去過阿根廷，可以告訴你當地所見。這本《追夢阿根廷》的夢想清單遊記書，則集結了九位團員成為共同作者，是他們完成阿根廷旅遊夢想清單後，用文字與相片記錄下的真實心情與當地見聞。素人寫作更具有人的溫度。我非常喜歡看團員們寫的遊記書，這是我們夢想清單系列書籍的第三本，每位作者的背景都不一樣，他們看到一樣的景點，卻各自有不同的感受，而也正是透過他們的眼睛，讓我與讀者可以發現更多面向的阿根廷。誠摯向大家推薦這本書，未來有規劃去阿根廷旅遊的朋友，可以先看看這些作者的分享。

元本旅遊創辦人／董事長

目次 CONTENTS

阿根廷
ARGENTINA

阿根廷

歐洲文化的延伸

ARGENTINA

阿根廷全名為「阿根廷共和國」，是位於南美洲的主權國家，領土面積為世界第八大，橫跨多個氣候帶，並主張對部分南極洲、福克蘭群島（Falkland Islands，在阿根廷稱為「馬爾維納斯群島」[Islas Malvinas]）、南喬治亞島和南桑威奇群島（South Georgia and the South Sandwich Islands）擁有主權。阿根廷的文化深受歐洲不同國家之影響，造就了今日阿根廷文化的多元特徵。

而知名舞蹈形式「探戈」便是發源自阿根廷，融合了各種不同種族的文化。二〇〇九年，聯合國教科文組織（United Nations Educational, Scientific and Cultural Organization，簡稱 UNESCO）將探戈文化訂為人類無形文化遺產。

國　　名	阿根廷共和國 República del Argentina（西班牙語） Argentine Republic（英語）
官方語言	西班牙語
首　　都	布宜諾斯艾利斯自治市 （Ciudad Autónoma de Buenos Aires）
土地面積	2,780,400 平方公里
人　　口	47,327,407（2022 年統計資料）

REPÚBLICA

行程跟我走 …

玩美南人 Eric．
苗啟誠

阿根廷華裔，精通西班牙文，以及中南美洲地理、歷史、文化，擁有近二十年中南美洲旅遊從業資歷。

二〇一一年來臺定居，在旅行社創立中南美洲團隊，並設計出多個成功受市場關注的獨家創新行程；也是知名達人領隊、部落客、作家、旅遊講師，期間成功帶起國內中南美旅遊風潮。

二〇二二年創立「元本旅遊」，疫情後持續親自設計行程、親自帶團，並以推廣中南美旅遊為使命。

大冰川國家公園 Parque Nacional Los Glaciares

俯瞰湛藍如玉的阿根廷湖及莫雷諾（Perito Moreno）冰川發源地，欣賞高達三千多公尺的雪山，還有機會看到灰狐、禿鷹、原駝等野生動物。跟隨專業導遊的腳步，在浩瀚的冰川上健行，一起來探索這個充滿大自然驚喜的完美傑作！

伊瓜蘇瀑布國家公園 Parque Nacional Iguazú

橫跨阿根廷與巴西（Brasil），是全世界最寬的瀑布群，並被票選為新七大自然奇景之一，其寬度將近四公里，由兩百七十五個瀑布組成，比尼加拉瀑布寬四倍。可以搭乘小火車進入國家公園，更能體驗衝鋒艇，一起近距離感受那從天而降的驚心動魄之美！

烏斯懷亞 Ushuaia

一五二〇年，麥哲倫（Fernando de Magallanes, 1480-1521）在環球航行時，沿南美洲靠大西洋一側南下，看到岸邊斷崖上有多處火光，認為這裡大風不斷，火可以持續燃燒實在不可思議，因此給這裡取名「Tierra del Fuego」，即「火地島」之意。幾百年後，阿根廷命令流放到這座島上的犯人建造一座城市：烏斯懷亞，她位於南緯五十五度，是通往南極地區的要塞，距離南極大陸最近之處僅八百公里，也是「世界最南端」的城市。

探戈 Tango

於二〇〇九年被聯合國教科文組織定為世界無形文化遺產。它是音樂、舞步與詩篇交織而成的對話，亦是情人之間的祕密舞蹈，隱藏著複雜的情感，表情嚴肅，步伐有力，表現出爽快利落、剛勁有力的風格。探戈舞是一種肢體語言相當豐富的舞蹈形式，男士摟抱著共舞的女士，兩人身體緊緊相依。

讓我們化身阿根廷人，穿著正式服裝出席，享用道地的阿根廷牛排及特產紅酒，觀賞阿根廷國粹探戈秀吧！

比格爾海峽遊船 Canal de Beagle

搭乘遊船遊覽連接大西洋與太平洋的比格爾海峽，可以在途中看到礁石上棲息的各種海獅、無數外表類似企鵝的皇帝鸕鷀（學名：*Phalacrocorax atriceps*），甚至如果運氣好，還能看到因為好奇而靠近的海豚；另一個重要景點是曾經在電影《春光乍洩》（1997）中出現過的火地群島燈塔（Les Éclaireurs），紅白色的小燈塔讓人印象深刻。

世界盡頭小火車 Tren del Fin del Mundo

搭乘由蒸氣機車牽引的「世界盡頭小火車」進入國家公園，火車鐵軌則是由當時（一九一〇年）流放至島上的囚犯所建造，因此又被稱為「囚犯列車」。沿途可以看到遭到砍伐樹木的樹墩遺跡，以及豐富壯麗的大自然景色。

阿根廷烤肉 Asado

透過燒紅的木炭或是木柴，以碳烤的方式烹調，將一整塊原塊牛排進行炙烤，主要搭配海鹽享用食物的原味，也會佐以用新鮮蔬菜調製的醬料。牛排充滿了牛肉的原始風味，並帶有些許碳燻香氣，一口咬下，嘴裡滿滿都是肉汁與濃郁的牛排香味。

阿根廷烤羊肉

Lamb Al Asador

將羊隻固定在十字架上，經過阿根廷式慢火碳烤，長時間的碳烤讓羊肉能輕鬆地從肋骨上剔除下來，帶著肉筋與油花的羊肉相當誘人，加上濃郁的羊肉香氣，令人垂涎三尺。

ARGENTINA

阿根廷佳醇 Argentina Wine

阿根廷是全球第五大產酒國，氣候炎熱、乾燥，為葡萄種植帶來很大挑戰，但同時也造就阿根廷最獨特的種植方法——高海拔種植，高海拔出產的葡萄酒風格更純淨、濃郁，帶出了花香和多層次的味道，逐漸讓優質阿根廷美酒登上世界舞臺。

牛肉餡餅餃——恩潘納達 Empanada

恩潘納達為阿根廷當地傳統的小吃，酥脆的麵皮、碎肉末、洋蔥、雞蛋幾乎是標配，內餡還會加入雞肉、火腿、起司、橄欖、甜椒、番茄、馬鈴薯等食材，作法則有烤的或炸的兩種，舉凡生日聚會、重要節慶，恩潘納達都是不可或缺的食物。

阿爾法赫甜奶夾心餅 Alfajor

巧克力和焦糖牛奶醬幾乎是「Alfajor」的代名詞，但另外還有慕斯、蛋白霜、果醬或椰粉等甜內餡選項，甚至還有純素口味；配上咖啡和熱茶，就是一道闔家歡迎的午茶首選。

REPÚBLICA

來一趟不留遺憾的旅行吧

達特克里斯

職業是醫療業人員，興趣是游泳以及接觸藝術、攝影等與「美」相關的事物。受家人影響從小喜歡旅遊，體驗不同國家的生活圈，認識與學習新東西。在醫療圈人生百態，看到許多患者因為疾病而留有太多遺憾，所以盡可能地把握人生、不徒留遺憾。

旅行其實也是一種學習，
學習別人的強項，欣賞別人所擁有的，
省思自己的不足與感恩自己擁有的，
並且在旅行的途中重新發現自己。

意料之外的湖畔風光

之前有親友前後造訪過阿根廷，風景秀麗與美味的火烤牛排擁有去過阿根廷的旅人一致好評，卻也沒有特別在我心裡引起波瀾。直到在疫情前無意間收到一張阿根廷探戈秀的海報，舞者那挑逗的肢體語言不斷地撩撥我探訪「南美巴黎」布宜諾斯艾利斯的心。

阿根廷這個國家其實常在生活中聽到，但是我對其卻相當陌生，她以足球聞名全世界，也因為通貨膨脹與經濟疲軟，而常常出現在新聞報導。出發前身邊親友不斷地提醒我，要注意治安搶劫問題，加上阿根廷即將舉行總統大選，所以這段時間有許多遊行示威活動，因此出發前我的心情是期待中帶點忐忑。

經歷了三十多小時的飛行與轉機，我們到達了地球的另一頭——阿根廷，在飛機即將降落時，可以看到整個布宜諾斯艾利斯都會區，規劃非常整齊，璀璨城市燈光勾勒出的棋盤式金色方格讓人驚豔。因為南北半球季節相反的關係，下飛機時，冷冽的空氣瞬間襲來，與當時盛夏的臺灣呈現極大反差。

阿根廷的旅遊景點非常豐富，從冰川到雨林全部都有，而且每一個地方抓出來都是人生必去景點，除了踩點打卡外也非常值得細細品味。我們一路從布宜諾斯艾利斯往南旅行，從國內搭飛機去往巴塔哥尼亞（Patagonia）高原的城市埃爾卡拉法特（El Calafate）。布宜諾斯艾利斯的國內機場位於拉普拉塔河（Río de la Plata）的河畔，拉普拉塔河一望無際、看不到對岸，就好像大海一樣，河口最寬處可達兩百二十公里，是世界最寬的河口，對岸是阿根廷鄰國烏拉圭（Uruguay）。

埃爾卡拉法特的名字由來是一種產自巴塔哥尼亞高原、名為卡拉法特的深色漿果，風味很獨特，常常會被做成冰淇淋。埃爾卡拉法特小鎮非常有北美洲小鎮的風味，主要購物大街範圍不大，但是也有很多精巧的紀念品商店可以逛逛，到這裡當然要入境隨俗，找間冰淇淋店品嚐卡拉法特冰淇淋，價格低廉，一球還不到一美元，入口滋味酸酸甜甜，有點像仙人掌果實冰，也有點像藍莓。

特殊風味的冰淇淋！

從飛機上俯瞰埃爾卡拉法特。

我們本來安排好要搭乘４×４越野車上山，結果因為山上突然下起滂沱大雨且提早融雪，導致許多遊客受困山頂、４×４越野車無法下山而取消，改去欣賞巴塔哥尼亞阿根廷湖畔風光。在近郊丘陵上可以俯瞰整個埃爾卡拉法特小鎮，阿根廷湖沿岸錯落著許多旅館與精巧的小別墅，湖邊也有許多溼地可以近距離欣賞各種水鳥和火烈鳥。晚餐享用阿根廷烤肉大餐與煎起司餅。

當晚我們早早就寢，準備隔天前往冰川。

依山而居的小鎮。

①
②
③

①：溼地上能看見火烈鳥。
②：在湖邊撿到的鳥類羽毛。
③：小鎮街道。

遠古遺留的晶藍冰川

我們從埃爾卡拉法特沿著阿根廷湖旁的公路前往麥哲倫半島前沿，兩側雪山連綿，沿途時而可以看到原駝或牛隻，時而又有馬匹三三兩兩散布在原野上。很特別的是，接近冰川的群山山頂在數十年前皆被冰山磨平，因此在我們看來，山頂才都會是齊平的。而隨著車子越來越接近，可以看到阿根廷湖上漂浮散落的冰塊越來越多。

大冰川國家公園裡面有數十條冰川，而佩里托莫雷諾冰川（Glaciar Perito Moreno）只是其中一條，且最便於旅行者前往。冰川面積大約兩百五十平方公里，從國家公園遊客中心出發，在搭乘前往國家公園的船隻上看到壯觀的佩里托莫雷諾冰川時，內心的震撼是難以言喻的，遠古地球遺留的產物觸動了內在靈魂，我不知不覺已熱淚盈眶。

船隻到達保護地後，我們先在木屋吃隨身攜帶的簡便三明治，而後穿過原始森林和無人沙灘向冰川走去，一顆顆為水流沖刷上岸的冰塊如同珍珠，或大或小、晶瑩剔透地散落在黑色的沙灘上，正前方

齊平的群山山頂。

的冰川像個巨人一樣，幾十萬年來靜靜地躺在這。沿途嚮導仔細地介紹冰川的生態，也很難過地得知，隨著地球暖化與環境破壞，冰川的位置不斷地往後退縮，由衷地希望大家能夠保護這個世界的美麗與乾淨。前方冰川上的健行者如同螞蟻一般列隊往上，到達前哨站讓嚮導幫忙穿上冰爪，初次穿上沉重的冰爪，每個人走路都搖搖晃晃，像企鵝一樣可愛；步伐踩穩適應後，我們一行人開始踏上冰川。冰川健行的心情有點緊張卻也有一絲愉悅，沿途雖然有危險性，但是嚮導們都很專業，健行的過程並不單調，我們時而穿過潔淨深幽的冰洞，時而在靜謐的冰川水

左：在阿根廷湖邊可見零碎的冰塊散落。
右：壯闊冰山佇立眼前，令人震撼不已。

上：走在冰川上的感覺與眾不同。
下：大家搖搖晃晃地練習走穩。

敬冰川、敬世界、敬自然的鬼斧神工。

池旁休憩，冰川上隨處可見深不見底的冰隙，耳邊也不時傳來冰川崩裂的滋嘎巨響。陽光灑落眼前安詳的白色大地，穿過萬年的潔淨冰晶折射出的神祕海水藍寶色澤；冷冽的空氣也洗滌了健行所引起的肌肉痠疼，在冰川上仰望莫雷諾山，在一片雪白的世界中來杯冰上威士忌犒賞自己！

以原住民之語為名——「烏斯懷亞」

隔天清早旅程繼續往南，搭飛機前往烏斯懷亞。巴塔哥尼亞高原的氣流十分不穩定，突如其來的狂風讓飛機顛簸不休，我們這些乘客的心也上下起伏。飛機安穩落地後，機艙爆出一片掌聲，也讓我體驗到了拉丁民族的熱情。

來到地球最南端的城市，下了飛機看到被雪山環抱的港灣城市烏斯懷亞，彩色房屋與整齊街道，美得像身處在童話故事中。烏斯懷亞是一座熱鬧的城市，前往南極的旅遊船也都在這邊啟航，城市中央最熱鬧的主街是以阿根廷國父為名的聖馬丁大道（Av. San Martín），兩側商店與餐廳異常熱鬧，人潮熙熙攘攘、車輛川流不息。我們在商店街步行遊覽，買了一些這邊最出名的手

①
②
③

①：被雪山環抱的港灣城市烏斯懷亞。
②：潔白雪山之下有鮮豔的各色房子。
③：船隻與倒影在水波中搖晃，美得如同一幅畫。

工樹枝狀巧克力，另外也選了幾張明信片，把給朋友的祝福從世界盡頭的郵局寄出！

來到烏斯懷亞絕對不可錯過火地島國家公園。阿根廷政府在二十世紀仿效英國政府，把火地島當作重刑犯的流放地，在烏斯懷亞建立監獄，而囚犯們大多參與烏斯懷亞小鎮的建立、發電、監獄的建設與伐木等工作。昔日的監獄現在已經改造為監獄博物館（Museo del Presidio），保留良好的監獄博物館仍然可以看到當年的食堂、牢房、浴室與廁所，條件奇差無比，偌大牢房只有一小座供暖系統供寒冬使用，可以在此體驗當年囚犯生活的艱辛與哀愁。

此處隆冬寒風刺骨，但是外出砍樹卻是

①｜②｜③

①：艱苦的監獄環境。

②：樹木墳場。

③：蒸汽火車燃出的煤煙，與茫茫雪地融為一體。

在監獄表現良好的放風恩典。在火地島公園搭乘蒸汽火車可見沿途積雪，經過大片樹木墳場——砍樹後剩下的高高低低樹幹——可以想像百年前冰天雪地的環境，彷彿看到囚犯們穿著藍黃相間的條紋單薄囚服，在皚皚白雪中奮力伐木，時不時停下搓熱發紅凍傷的雙手，天地之大但自己卻無路可逃，只能祈求上天憐憫。蒸汽火車上的中文語音介紹緩慢地訴說著那個歲月的淒涼與哀愁，在冷冽天氣中讓每個人呼出的白色霧氣也如同嘆息一樣沉重。

美食與冒險之旅

伊瓜蘇市（Iguazu）是在巴西、阿根廷與巴拉圭（西班牙語：Paraguay，瓜拉尼語：Paraguái）三國交界的城市，下飛機後映入眼簾的是大片的熱帶叢林，潮溼的氣味與霉味撲鼻而來。下榻酒店非常特別，就位在叢林之中，好幾座吊橋連接著客房與主要大廳，無邊界游泳池裡有許多人戲水。我們參觀了巴西、阿根廷與巴

上：連接客房與大廳的吊橋。
下：下榻的酒店環境清幽舒適。

左：三國交界紀念碑。
右：連接巴西與烏拉圭兩岸的大橋。

拉圭三國交界的紀念碑，可以看到對岸的巴西與烏拉圭在巴拉那河（Rio Parana）上建起了一座大橋連接兩岸。

晚上我們到了一家叫「The Argentine experience」的餐廳用餐，進到店裡是一整面牆的酒櫃，服務員先介紹阿根廷酒的種類，酒櫃打開後會出現暗門，通過暗門才正式進入餐廳。

這個餐廳顧名思義是讓顧客手作體驗阿根廷的傳統飲食文化，每個人入坐後都會非常有儀式感地戴上餐廳為大家準備的廚師帽，服務員首先端上小點心、小圓麵包還有酸酸甜甜的開胃酒，緊接著開始體驗製作阿根廷最有名的牛肉餡餅餃——恩潘納達。阿根廷的餡餅餃其

什麼是塔帕斯（Tapas）？

它是西班牙飲食中重要的一部分，指正餐之前作為前菜食用的各種小吃，也通常作為下酒菜。

餐廳入口的酒櫃。

實有非常多種口味，不同餡料會有不同的包法，例如：牛肉餡的會包成餃子的形狀、洋蔥起司餡的會包成賓士標誌的形狀等等。服務員示範過後我們開始自己包餡、捏出形狀，寫上自己名字後拿去烤箱，烘烤出爐後就可以享用自己的手作成品。接下來的前菜類似西班牙塔帕斯（Tapas），切片小麵包放上香腸、起司和醬料，一口小食也甚是美味，唯獨血腸的味道比較重，接受度就見仁見智。主菜是岩燒菲力牛排，配上大盤的烤蔬菜、甜菜和地瓜，大塊的牛排肉質鮮美，非常好吃，我到現在依然無法忘懷它的美味。甜點由綿密的牛奶慕斯打頭陣，接下來是手作阿根廷甜點阿爾法赫甜奶夾心餅，又稱「南美馬卡龍」，首先將玉米餅乾中間夾上阿根廷特有的焦糖牛奶醬，再裹上椰子粉，最後就可以配上茶享

用。茶的部分當然是阿根廷最有名的瑪黛茶（maté tea），將乾燥的茶葉裝在杯子內八分滿，傾斜四十五度後，將熱水（建議攝氏七十至八十五度）注入因傾斜而出現的缺口處，而後插入專用吸管享用，入口有些微苦澀與特別的風味，有點類似臺灣的青草茶。整個餐廳體驗非常棒，跳脫傳統餐廳制式的風格，手作體驗非常有趣，也讓我們對阿根廷的飲食文化有更深印象！

南美巴黎充滿歷史與古典韻味

阿根廷首都布宜諾斯艾利斯，最有名的景點首推世界最寬的大街——七月九日大道（Avenida 9 de Julio），源於阿根廷獨立日一八一六年七月九日，大道上最有名的就是聳立在共和國廣場（Plaza de la República）上的開城紀念方尖碑，會隨著節慶或者活動變換顏色或造型。沿著七月九日大道周邊有很多知名景點，例如世界三大劇院之一的科隆劇院（Cologne Opera）。

阿根廷總統府玫瑰宮（Casa Rosada，也稱「政府宮」[Casa de Gobierno]）前面的五月廣場（Plaza de Mayo），是為了紀念西元一八一〇年發生的五月革命（Revolución de Mayo）。我們在玫瑰宮前剛好遇到當地活動，一群人用手語表演著沖繩民謠「島唄」的西語版本，文化藝術表演的跨國界融合甚是有趣。在五月廣場地上可以看到很多白色的頭巾圖案，被稱作「五月廣場母親」，起因是一九七六年到一九八三年間，許多阿根廷反獨裁政府分子被捕或失蹤，這些分子的母親會聚集在五月廣場為兒女們無聲抗議，也成為五月廣場上的血淚歷史印記，更顯現代自由民主的可貴。

五月革命

此一系列革命事件發生於西班牙帝國拉普拉塔總督區（Virreinato del Río de la Plata）首府布宜諾斯艾利斯，1810年5月18日至25日，長達一周時間被稱為「五月周」（西班牙語：Semana de Mayo）。

開城紀念方尖碑。

上：博卡區球場入口！
下：色彩鮮豔斑斕的房屋外觀。

博卡區（La Boca）是阿根廷著名足球俱樂部「博卡青年隊」（Boca Juniors）的球場所在，也是著名的探戈發源地，這邊靠近港口處有許多鐵皮和倉庫，許多居民會拿造船廠剩餘的油漆畫外牆，而使得博卡區整個街區布滿五顏六色，十分鮮豔；卡米尼托街（El Caminito）上有很多小販或獨立畫家在販售藝術品和油畫，人潮洶湧，甚是熱鬧。但這區因為治安不佳，旅客也要隨時注意人身安全與錢財安危。

馬德羅港（Puerto Madero）港口區域是布宜諾斯艾利斯的新興街區，高樓大廈林立，也有許多倉庫改建的餐廳酒吧，非常熱鬧。更有個著名景點——由西班牙建築師聖地牙哥．卡拉特拉瓦．瓦爾斯（Santiago Calatrava Valls, 1951-）設計的女人橋（Puente de la Mujer），它像高跟鞋，也像一對正在跳探戈的男女。港口旁邊停著一艘十九世紀的海軍訓練艦，登上老船便可欣賞當時

風情萬種的女人橋

建於 2001 年，位於布宜諾斯艾利斯的馬德羅港口區，是一座橫跨兩岸的白色斜拉橋；因造型優美、外形神似一位身穿白色長裙的窈窕淑女而得名。

到世界各地參訪的紀錄與物品，可以想像當時海軍環遊世界的壯舉！

布宜諾斯艾利斯的老街區則充滿歐洲風味的建築，街道整齊大氣。雖然現在阿根廷經濟蕭條，通貨膨脹嚴重，仍然可以想像二十世紀初期那個曾經不可一世的繁華，也難怪布宜諾斯艾利斯有「南美巴黎」之稱。新城區雖交通繁忙，但也處處皆是公園綠地，一條條梧桐樹林蔭大道，環境宜人，難怪之前常常上榜世界宜居城市之一。

我們也參觀了布宜諾斯艾利斯的上流階級公墓——雷科萊塔墓園（Cementerio de la Recoleta），坐落其中的每座家族墳墓都雕梁畫棟、精雕細琢，但也看到有些落魄家族無力維持修繕而造成墓園崩毀。墓園啟用至今歷經兩個世紀，許多顯赫的人物葬於此地，其中最著名的是阿根廷國母裴隆夫人（艾薇塔 [Evita]）葬入的娘家墓園，上面擺了

莊嚴典雅的墓園。

許多鮮花與紀念牌。跟亞洲國家總是避免談論死亡不同，拉丁美洲人對於死亡持開放態度，對當地人來說死亡並不可怕，遺忘才是，他們相信與所愛之人的回憶是會永恆存在的。

隨著夜幕降臨，我換上酒紅色正裝來到波特諾探戈劇場（Tango Porteño）享用紅酒與牛排，並欣賞探戈舞演出。燈光暗滅，聚光燈投射在舞者身上，音樂從舞臺後方的四重奏樂團傾瀉而出，舞者自然即興演出，配合燈光與樂隊的演奏時而

雀躍、時而哀愁。四重奏的樂手焦點也時而是班多鈕手風琴（bandoneón），時而是瀟灑的小提琴飆音，聽得過癮極了！舞臺上的說書人用富有磁性的低沉嗓音演唱，十分震撼人心，一口氣飆出的音轉起伏顯示驚人肺活量引起全場鼓掌。當然整場演出的主角——探戈，最讓人注目，經典名曲〈化妝舞會〉（La Cumparsita）一出現便引起全場瘋狂！男女雙方默契地交舞，充滿情慾與火熱的肢體交纏間富有激情張力，優雅又性感，也讓在布宜諾斯艾利斯的最後一個夜晚充滿悸動，且令我回味不已。

旅行的意義

在登上返程飛機前，我們前往布宜諾斯艾利斯北方約三十公里處的老虎城（Tigre），這裡曾經是阿根廷繁榮時代的有錢人高級度假勝地，一座座別墅錯落在不同島嶼上面。然而隨著阿根廷經濟危機出現，這些豪華別墅也面臨到無力維修的問題。行船遊覽三角洲各國島嶼，所見許多別墅都荒廢或斑駁，碼頭也破損嚴重，令人不勝唏噓。

接下來要經過三十多個小時的航程回臺灣，飛機離地後，我們輕輕地跟阿根廷說聲再見。這個國家帶給我的感觸很深，豐富的自然資源與文化資產讓這個國家擁有豐厚自傲的家底，可惜政治與經濟關係，導致我們在國際媒體上看到關於阿根廷大多都是偏負面的報導。而

實際造訪這個國家，我感受到人民的熱情有禮，且國家的基礎建設良好、市容乾淨，就這些條件而言，其實阿根廷非常有實力重返強國之列。

旅行的意義，除了跳脫自己生活圈，體驗陌生國度的生活之外，其實是可以開拓自己的視野與心胸。旅行其實也是一種學習，學習別人的強項，欣賞別人所具備的，省思自己的不足、感恩自己擁有的，並且在旅行的途中重新發現自己。

感激阿根廷帶給我的悸動，也慶幸自己有機會能夠造訪這麼美麗、遙遠又陌生的國家，期許阿根廷能夠脫胎換骨，再創榮耀。

達特克里斯的夢想清單

發現一個不一樣的自己

利翠珊

大學畢業後曾任雜誌編輯，之後在大學教書做研究三十餘年樂此不疲，最開心的是看見學生們找到自我發揮潛能，而自己則是在年近六十才發現過去只知用腦，身體潛能有待開發，因而開始從事各項健身活動。喜歡觀察思考，擅長從小小事物中發現大大樂趣。

我們將帶著短袖短褲去衝瀑布，
也將準備禦寒衣物去冰川健行，
最後回到城市裡參加正式的探戈晚宴。
好特別的一個國家和一段即將展開的旅程！

因嚮往而衝動，成為伊始

當初報名阿根廷團應該算是一時衝動，飛越大半個地球雖然是個浪漫的想像，但我總覺得這是年輕人的夢想吧？要不是老公心心念念要踏上南美的土地，說可以等我三年後退休，再一起去住上一個月，要不是我其實有點戀家，並不是那麼想去長途旅行，要不是疫情提醒了我們世事無常，我也不會催著老公趕快去追夢別等我。

我們一起去諮詢了才成立一年的「元本旅遊」，聽著領隊 Eric 對自己故鄉阿根廷充滿情感的介紹，讀了他寫的著作《古巴，您好》，追蹤他的 FB，我突然有種預感，這位年輕領隊的團好像可以試著參與呢！然而總還是有疑慮，過去我雖然有不少國外旅遊的經驗，但大部分是自由行，不只自己開車，就是在城市中定點旅遊，行程寬鬆充滿彈性。過著規律生活又自由旅行慣了的我們，真的可以跟團嗎？

說起阿根廷，其實整個中南美洲對我來說都是如此神祕而陌生，只有像「熱情」、「陽光」這類簡單的想像，以及小時候地理課本上提到的安地斯山脈（Cordillera de los Andes），和布宜諾斯艾利斯這個名字美麗的首都印在我腦海中。再然後便是足球明星梅西（Lionel Andrés “Leo” Messi Cuccitini, 1987- ），還有電影《阿根廷，別為我哭泣》（*Evita*, 1996）中那首耳熟能詳的〈阿根廷，別為我哭泣〉（Don’t Cry for Me Argentina），充滿情感的旋律與歌聲，為阿根廷添加了一些悲愴的情懷。

真正開始立體化我對這個國家的認識，其實是在參與元本旅遊的講座後才漸漸形成的，在Eric的講座中，我第一次知道阿根廷有座面積比臺北還大、每天都重複生成又崩塌的「活」冰川，有世界最寬的伊瓜蘇瀑布（Cataratas del Iguazú）等世界自然遺產，這裡也是探戈的發源地，還可以去到世界盡頭走進電影場景，甚至人均牛肉消費量世界第一，最重要的是，南美多高山，但是走訪阿根廷並沒有高山症的威脅，這點讓我鬆一口氣。

上述種種都令人嚮往。只要想到可以近距離爬冰川衝瀑布，還有原味的炭烤牛排等著我們，剛好時間也可以配合，跟團去阿根廷的心情便一點一點地堆積了起來。

航向世界盡頭。

這趟旅程最挑戰的無疑就是自己的體能和健康狀況，去一趟阿根廷來回都得坐上三十個小時的飛機，光是想到就令人覺得辛苦。在第一段臺北到杜拜八個多小時的航程中，或許是因為飛機有點顛簸，加上太久沒有出國，還不習慣這次旅行的步調，空腹許久又匆忙吃下有些油膩的機上餐，入睡後不久，就覺得整個人狀態很不對勁，在座位狼狽地吐了兩次，大大摧毀我對這趟旅程的信心。當時我不禁擔心起接下來還有十八個小時的飛行，挺得住嗎？還沒開始玩呢，該不會花下大筆費用卻去不了冰川、看不了瀑布，躺在旅館裡生病吧？

在阿根廷，我們主要以飛機作為交通工具，由於國際線與國內線對於行李限重的要求不同，旅程要去的地方溫差極大，每隔幾天我們就要在攜帶的行李箱之間進行調度，常常一天的行程結束之後，又在旅館裡煩惱如何整理行李，總會弄到很晚。又因為去機場的行程不能出錯，有時早晨天沒亮就得出發，這對於在臺灣每天要睡滿八小時，且很重視吃早餐的我來說，真是有點難適應。旅行中的生活作息挑戰還不止於此，因為不容易隨時找到廁所，我們不敢大量喝水，蔬菜水果也非隨處可得，纖維攝取量不足；雖然每天都補充維他命，卻還是很擔心自己的身體會不會突然出狀況，影響後續行程。

所幸後來一切假想狀況都沒有發生，接下來身體狀態似乎漸漸能夠適應高強度的行程安排，行前準備的各種藥品一樣也沒用到，旅程走到三分之一後，我的這些擔心便慢慢消退，安心享受這趟旅程。

飽腹與滿載而歸的美食之旅

阿根廷是個肉食民族，有機會來到這塊土地，當然是要好好品嚐家喻戶曉的碳烤牛羊。

第一天我們在座無虛席的自助式炭烤吧用餐，領隊Eric現場教學，我效仿著他對廚師點了阿薩多（asado）的帶骨牛小排和牛腩排，肉質偏硬，但是這個經驗新鮮有趣。後來在埃爾卡拉法特的高級餐廳中，領隊替我們點了全套的碳烤牛羊雞，搭配紅酒和烤起司，我們全團吃到胃撐得不行，真是太滿足了！後來我就愛上了阿根廷又大又厚的原味牛排，從一開

幾乎每天都有的炭烤牛排。

始只能吃下三分之一，到最後面不改色地吃完一整塊大牛排，這一趟不只是開了眼界，也撐大了我的胃啊！

阿根廷的牛肉餃也是一大特色，有包著絞肉或肉塊的，有三角形和半圓形麵皮的，各有特色。最後在伊瓜蘇的一場廚藝課程中，我們現場製作屬於自己的牛肉餃，也順道學會了如何正確調製和飲用當地人手一杯的瑪黛茶。

什麼是阿薩多（asado）？

阿薩多是在阿根廷、智利、巴拉圭、哥倫比亞等地區非常受歡迎的一道料理，其原料由牛肉和各種肉類所組成，並放在烤肉架或開放的火上烹調。

上：好吃的牛肉餃。
下：親手現做的牛肉餃。

前行於前進的冰川之上

整趟旅行中，我最期待的無疑是冰川健行。疫情前曾經有機會去冰島參加研討會，原先打算開完會後去體驗一番在冰天雪地中行走的感覺，為此我努力運動健身，想在六十歲前完成這個願望。

無奈疫情一拖三年，研討會雖延後兩年舉行，在臺灣要出國仍被嚴格管控，只好作罷。此次阿根廷旅行團讓我重新燃起了這個希望，佩里托莫雷諾冰川作為世界少數僅存仍在前進的活冰川，有機會親眼見識她在面前崩塌，那會是多麼震撼啊！網路上找到的冰川照片，是一大片直接斷裂在湖水中的立體藍牆，如此獨特的景觀令我心生嚮往。如果有機會穿上冰爪踩在上面，那會是什麼感覺？而聽說冰川水喝起來純淨清爽，不知道在酷寒中啜飲威士忌又會是什麼滋味？為此，我添購了人生第一雙登山鞋，準備發熱衣、發熱褲和防風手套，這時我忽然覺得，當初沒去冰島或許並不那麼可惜，有行家帶路，這一趟冰川健行應該會更加精彩！

後來實際去到佩里托莫雷諾冰川，果然不虛此行。我們就如同一群小企鵝在一片冰上世界前進，一個接一個、一步接一步地踩在冰川上，先是有像化身為一種人體剉冰機的新鮮趣味，習慣了這個觸感與步調後，便能開始看見腳底

近距離與冰川同在。

碎冰層下面，泛著藍色透明的光，以及在陽光折射下的一大片立體冰雕，大自然的鬼斧神工莫此為甚！

站在冰川上，被冰雪世界包圍著，遠看近看各有不同的風景。我們很幸運地遇到了晴朗多雲的天氣，可以看到不同角度的冰川，一路上還有兩位帥哥導遊，加上我們幽默風趣的領隊，把大家全部拉在一起，拍照搞笑、玩得不亦樂乎，最後還有一杯自冰川鑿下冰塊而調製成的威士忌和巧克力做結尾。最後我們比預計的行程多待了一個鐘頭左右，真是太開心了！

回程時與另一批遊湖的團員們會合，我們又去走了一小段步道，近距離觀賞冰川剖面，現場時不時傳來冰

上：奮力攀爬？！
下：享受冰川威士忌。

在鬼斧神工的藍色冰洞拍照。

川前端崩落的聲音，水面上散落著或白或藍的冰塊。我們去的是冰川較不活躍的冬季，照理來說應是不太容易親眼目睹冰川崩落的那一刻，多虧其中一位團員鍥而不捨的精神，拍下冰川崩落的畫面，實在是震撼！

若問整趟旅程最喜歡的景緻，無疑是大冰川國家公園，這應該會成為我此生難忘的體驗。行前曾想像走在冰川上，近距離靠近她的感覺，在真正穿上冰爪的那一刻，有一種夢想成真的感覺。

驚險萬分的瀑布之行

令人意外的是，原先以為冰川健行會是我最喜歡的活動，但在另一個世界遺產——伊瓜蘇國家公園的體驗更是令我難忘。拜訪伊瓜蘇瀑布的那天，又溼又冷，我們穿著拖鞋披著雨衣，走在凌空步道上，從上層、中層不同角度，近距離欣賞由兩百七十五個瀑布組成的瀑布群。那一洩而下的水流、雷霆萬鈞的氣勢，讓我分不清是雨還是水，最終忘記了自己的存在，臣服於大自然之下。

乘坐橡皮艇從下層接近瀑布，也是我人生的第一次。露天接駁車載著乘客穿越雨林，接著我們筆直走下階梯，雖然身著雨衣，但在抵達碼頭時，全身已經溼了一大半。船隻啟動的那一刻，我的腎上腺素開始飆升，快艇三進三出衝向伊瓜蘇瀑布時，大家尖叫呼喊，我整個人浸泡在瀑布的水流中，勉強睜開雙眼，或許是視覺錯位的緣故，竟然覺得整個人像是坐電梯似地不斷上升，整片瀑布伸手可及，只有親臨現場才能感受到那種震撼，真是太刺激了！

事後聽說，有團員在機場遇上當天和我們同遊伊瓜蘇瀑布的另一個團體，他們因為早上雨下太大，決定取消衝瀑布的活動，提早返回旅館。我們則是在國家公園內享用一頓豐盛的午餐後，下午如期進行，最後離開時太陽甚至露臉並出現彩虹，彷彿讚嘆我們不放棄的精神，以及領隊的明智決策。

魔鬼咽喉瀑布。

歷史的啟示

我們這次的行程是以阿根廷的自然景觀為特色，兼有一些歷史文化藝術行程的規劃，位於布宜諾斯艾利斯的其中一個區——雷科萊塔（Recoleta）的貴族墓園這個著名景點，便是一個認識阿根廷歷史的好地方。

貴族墓園坐落於都市的精華地段，很難想像這裡不僅是重要的旅遊景點，也是當地人很喜歡來的地方。墓園腹地廣大，可以說是陰間的「豪宅」，裡面下葬了七千多名達官貴人，其中最受矚目的是阿根廷國母裴隆夫人（María Eva Duarte de Perón, 1919-1952）。根據她一生所拍成的電影，也是我來之前對阿根廷最直接的認識。近距離走到她的墓園前，果然鮮花不斷，可見所受愛戴的程度。透過導遊解說，進一步了解到在富人眼裡，裴隆夫人強奪專權的一面，她會對政治理念不一致的人不假辭色，甚至會羅織各種罪名將其入獄。

另一位阿根廷歷史上的偉人多明戈・福斯蒂諾・薩米恩托（Domingo Faustino Sarmiento, 1811-1888）總統，也被尊稱為教育之父，在他任內讓所有的白人都可以獲得教育，市區陳列的一艘戰艦博物館甚至以他命名，可見其歷史地位。但是他對原住民的歧視甚至屠殺，也在歷史上留下了汙名。

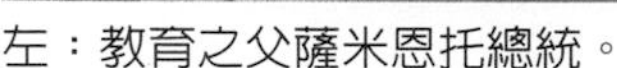

左：教育之父薩米恩托總統。
右：終年鮮花不斷的裴隆夫人墓前。

兩者對比，可以看見阿根廷歷史上不同政治勢力的嬗遞，有極力為底層爭取權益、犧牲富人利益的政治家，也有為白人教育做出貢獻卻充滿種族歧視的執政者。時至今日，阿根廷仍在社會平等與經濟困難中掙扎，左派與右派的政治勢力不斷彼此消長。已經成為全球關注焦點的通貨膨脹，在阿根廷也可見一斑，我們停留阿根廷的兩週期間，親身體驗阿根廷幣值的不斷下貶，一方面覺得用美金換披索（peso）太划算，一方面也有點憂心今日的阿根廷是否能挺過財政困境。

另一個令人印象深刻的歷史景點，便是烏斯懷亞，她是阿根廷火地省的首府，位於大火地島（Isla Grande de Tierra del Fuego）南岸，一八九六年阿根廷政府在此地設置監獄，裡面關著罪行重大的囚犯。但其中也有因為發表反政府言論而被囚禁的知識分子，可見在那個年代，並不是只有燒殺擄掠之人才會被視為罪犯。

這個監獄在一九四七年時正式關閉（後改建為「監獄博物館」），主要是覺得過於嚴酷的囚禁條件有違人權。我很佩服阿根廷政府這樣的決定，也讓我想起好多年前在德國慕尼黑郊區參觀的納粹集中營。人類歷史上有太多的殘暴殺戮，那固然有當時的時代背景因素，但如果人們能真正了解權力的兩面刃，願意面對當時罔顧人權與生命價值的決策，就有機會從錯誤中學習，讓歷史記錄下這一切。

蠟像——入獄的知識份子。

友善包容，而成為貴族

一般來說，團體旅遊不太會有與當地人溝通互動的機會，加上阿根廷說西班牙語，我們的英文完全派不上用場，很難更深入地交流。不過這趟旅程中還是有一些值得記錄的體驗。

按照阿根廷當地的規定，國家公園必須要有在地導遊隨同，除了解說導覽之外，更重要的是確保自然資源不會受到人為破壞。在大冰川國家公園時，帶領我們這輛車進入公園的導遊，就是令我印象深刻的、一位名為 Lucia 的當地人。當天我剛好坐在遊覽車前排，看見她不斷用西班牙語向 Eric 介紹國家公園之美，當 Eric 說我們這團有人爬遍臺灣百岳，她更興奮地介紹了許多這裡可以攀登的大山，也告訴我們前不久所舉辦的游泳比賽，其中包含在攝氏兩度的河水中比賽的裸泳組，讓我們各個瞠目結舌。冰川健行回來後，Lucia 還在國家公園步道的叉路口等著我們這些想再逛逛的團員，即使語言不通也仍一路親切地為我們指路。

另一個經驗是在烏斯懷亞中午的自由活動，我和老公找了個當地的披薩店用餐，那裡雖然有英文菜單，但是店員只會講西班牙文，正在比手畫腳之際，有位熱情的店員走過來說他可以說一點英文，我們很開心地坐下來後，半說半比劃地完成點餐。但是我們該如何向他索要冰塊呢？又該怎麼告訴他吃不完的部分想打包呢？後來我索性拿出 Google 翻譯，第一次發現這是如此好用的軟體，一來一往中我們兩人都鬆了一大口氣。

還要感謝我們的領隊 Eric 在行程走到一半時，變身西語教師，在遊覽車上把握時間教我們一些常用的西班牙文，大家也開始把「你好」、「謝謝」掛在嘴邊，我也漸漸嘗試練習用西班牙文向服務生要冰塊、氣泡水，一方面很有成就感，另一方面也拉近了與當地人的距離。

有人用「沒落貴族」來形容現在的阿根廷，但我認為，阿根廷近年來在經濟上的衰退，並無損於她在文化社會上的成就。這次來到阿根廷，我除了看見百年前即已規劃良好的城市之外，也看到一個包容進步的社會。天氣好時，能看到公園裡有許多專業遛狗人一手牽著五、六隻狗，與狗兒們一同享受美麗的藍天綠地。我們還經過一大片同志及跨性別者經常出入的公園，在陽光下特別感受到這個城市讓人可以自由呼吸的空氣與氛圍。作為中南美洲第一個承認同志婚姻的國家，此次親眼見證阿根廷對多元族群的包容以及對動物的友善，覺得很感動。雖然族群衝突與貧富差距仍然存在這個社會，但作為曾經的貴族，我仍然想為阿根廷鼓掌。

一同旅行的他們

十四天的團體旅行不知不覺就到了尾聲，這一趟可以說是拓展視野、挑戰自我、想像極限的旅程。從團員和領隊的身上，我看見了許多夢想、勇氣和無比的能量。

團體旅遊的樂趣很大部分來自與團員朝夕相處的互動。這次旅程的團員除了有各行各業的菁英外，也有不少像我們一樣，必須存上好幾個月的薪水，才能夠一圓人生夢想的人。

在一次排隊下飛機的時候，在我前面的團員拿著手機試圖翻譯椅背後面的「bravo」，我隨口讚美她的認真好學，她告訴我這趟旅程幾乎花掉自己所有積蓄，所以一定要好好把握每個學習的機會。我後來才知道她是工廠的基層員工，收入有限但酷愛旅行，曾經用最儉樸的方式去過一些鄰近國家。

團員中還有一位說話幽默風趣，後來被封為「副團長」的外科醫生。他告訴我們，自己出發當天先進手術室開了兩臺刀才去機場，主要是因為病患雖然願意在術後由其他人照顧，但仍堅持由他親自動刀，而醫生也在行程結束，返臺當天即奔赴探視病患。後來我又得知他熱愛歌唱，曾經參加過選秀節目，YouTube 上甚至有他與主持人精彩的對話和歌唱片段。這樣的專業投入與跨界勇氣真是令我難以想像，比起自己的瞻前顧後，真是太佩服他的無所畏懼。

我們的領隊 Eric 也是充滿夢想與勇氣的人，他是經驗豐富的領隊，卻有一股始終能保持熱情的氣質。作為在阿根廷長大的第三代華裔，此次帶著一群人回到自己家鄉，想必有很多複雜的情感。落地第一天，Eric 就商請他的父母到飯店，為大家用最好的美元匯率換上當地披索，只見因疫情整整四年四個月未見面的一家人，就這樣為我們忙到半夜，彼此說不上幾句話就得道別，我忍不住心裡替他們不捨。

不得不說，Eric 真的是用地主的心情在招待著我們，引介他認為最棒的當地料理，每次在告訴大家菜單時，他都會自言自語地說：「這些好像都是我喜歡吃的菜。」表面上假公濟私，實際上是我們太有口福，有機會吃到阿根廷最道地的特色料理，是團體旅遊中非常難得的機會。

最後一天，遊覽車經過他家附近，Eric 一面指給我們看他上學和放學時必經的天橋，一面說起他如何脫離舒適圈，離開阿根廷到臺灣，又從大公司出來自行創業的選擇；他難得長篇大論地說起偶像梅西如何為夢想奮鬥，又感性地說到支持他的家人，我想像著他如何義無反顧地離鄉背井奮鬥，如何度過寂寞孤獨，又是如何在各種困難下，推翻阻擋自己前進的各種理由，真是不容易啊！

永遠別輕易否定自己

我不是個旅遊咖，也沒有過環遊世界的夢想，但是這趟無心插柳的旅程帶給我遠超過自己所能想像的收穫。這是六十歲後的我第一次出國，也是第一次跟團，如此長途的旅行挑戰了我的慣性，也帶來一些壓力與焦慮。

在漸漸跟上旅遊的步調之後，我發現自己變得更有能力面對不一樣的生活、不一樣的世界。我不知道自己的下一站會是哪裡，但是覺得自己更有能力追夢了，在這趟旅行過後，我想對自己說，「妳比自己想像中的更有力量」！

利翠珊的夢想清單

在時間飛逝前，去旅行吧

Ken

我的名字叫 **Ken**，近期芭比電影風靡全世界，所以總會往自己臉上貼金說：「我就是跟芭比男朋友同名的那個 **Ken**！」

亞洲與歐洲的國外旅遊，我過往大多以行程鬆散且隨興的自助旅行為主，南美的旅程則考量到距離、語言與時間等多重因素，參加優質旅行社所規劃的行程是現階段個人認為的最佳選擇。

經歷智利與阿根廷兩個南美行程，同遊的團友很多都是值得學習的社會菁英，為人和善且修養佳是多數團友的共同特質，能與數十位契合的旅伴同行，可說是我前世修得的福氣。

對於不熟悉的人、事、物總會令人興致盎然，
更遑論是到訪未曾到過的國家。
老掉牙的一句話：「讀萬卷書，不如行萬里路」，
卻也是對每段旅行最貼切的形容。

到了阿根廷，才知道原來這是個以歐洲移民為主的白人國家，美洲的原住民反而是少數族群；到了布宜諾斯艾利斯，竟發現有個職業叫「遛狗師」！公園裡到處都可以見到專業的職人帶領著一大群不同品種、大小各異的毛小孩，解決喜歡養寵物但沒時間帶狗狗放風的飼主的困擾；到了烏斯懷亞，才知道被砍伐過的森林樹幹會高低不一，是因為冬天積雪，所以砍樹後留下的枝幹會比夏季所砍伐的樹幹來得高；若沒到當地，實在實在難以想像當地各種樣態的風土民情。

作為天命之年的挑戰

參加這次旅行時，我的年紀已然跨越孔老夫子所說「五十而知天命」的門檻，我猜想「知天命」應當僅僅代表心靈上的成長，而至聖先師並沒提到，在這階段更加顯著的身材變化與體能下滑的狀況。

近年隨著年齡與心境的進化，我更加覺得應該趁還有持續收入且體力尚佳時，優先規劃需要花費較多心力與體能的長途旅程。或許等到了退休後、有錢且有閒的階段，可能會對旅遊的任何花費更加錙銖必較，而行李還必須保留更大空間，以儲放多種慢性病的處方藥及琳琅滿目的藥品與營養劑。不如把握當下時光，想去一趟旅行，就去吧！

躺在冰川之上。

到一個遙遠且語言不通的陌生國度，參加旅行社所規劃的行程，在現階段應該是最佳的選擇，可以完全放心也可以全然放空，不需準備簽證、規劃行程、訂機票查旅館換貨幣等等繁瑣事項，要準備的僅是存夠一筆旅費、空出一段時間、帶著愉悅的心情迎接這趟夢幻的旅程。

當然，我還是會擔心那單趟超過三十個小時的超長途航程，憂慮自己在抵達阿根廷時與返臺後，是否能克服時差與疲憊感，既不會破壞旅遊品質也不影響返臺後工作的效率。最後還是抱持著「既來之則安之」的心態，擔心再多也不會有什麼改變，太陽還是會每天東升西降，最後我決定保持平常心，該吃就吃、該睡就睡，身體自然會調整與適應。

可能是因為懶散，又或許是一種信任，行前我未曾仔細看過阿根廷之行將要走訪哪些景點或活動，抱著一切隨緣的心態，讓旅程多些驚喜也是種浪漫的期待。

在參加行前說明會後唯一的想法是：「好麻煩喔！」除了要帶厚重的冬天禦寒衣物，還要帶上夏天的短褲短袖，沒想過原來阿根廷的氣候差異頗大。收拾行李時，竟發現疫情前才使用過幾次的防滑登山鞋，鞋底已發生脆化且脫離的現象，所幸有事先確認，提前送交專業修鞋達人緊急修補，才避免了鞋底遺留冰川的窘境。

上：穿過冰洞。
下：壯闊的冰川景緻。

不見此地，不知其貌

我對於阿根廷的印象與認識隨著年齡增長而有所變化，在我單純無憂的年少時期，小腦袋瓜只能依循著電視新聞的描述，把阿根廷當作是如同惡魔黨的壞人，而英國則是代表正義一方的科學小飛俠。當壞人用飛魚飛彈擊沉了好人的戰艦，讓我幼小的心靈感到無比揪心，但最終還是邪不勝正，好人奪回福克蘭群島贏得最後的勝利。

而在我長至懵懂叛逆的青少年時，馬拉度納（Diego Maradona, 1960-2020）用上帝之手與世紀進球在世界盃八強賽淘汰賽踢走了英格蘭，以瘋狂的「手法」與迷人的腳法用足球報了世紀之仇。與此同時，我同窗的高中好友為了避免被退學，自行休學去跑船，自此每當我看

迪亞哥．阿曼多．馬拉度納

生於阿根廷布宜諾斯艾利斯，暱稱「世紀球王」、「球場上帝」，阿根廷足球運動員和教練，是世界足球史上傳奇球星之一。

到電視播報或報紙寫到：「阿根廷遠洋魷釣船發生喋血慘案」，總會佇足關心、多次翻閱，害怕看見熟悉的名字。於是，這時期的阿根廷在我記憶中，除了馬拉度納外還跟魷魚劃上了等號。

成年以後，車上收音機不時會播放著天后瑪丹娜（Madonna, 1958-）悠揚的聲音：「Don't cry for me, Argentina...」，雖然既沒看過電影《阿根廷，別為我哭泣》、亦不知道故事內容，但除了覺得旋律好聽外，我也總能聽出無比的惆悵之情。

除此之外，不得不提到「1／48」，看到這數字或許沒有太特別的感覺，但是我周遭百分之八十的臺灣朋友，卻多隨著這節奏與阿根廷或南美洲有所聯結。很奇妙的每四年（四十八個月）一度的世界盃足球賽，賽期約一個月的時間，大多數臺灣人（包括我）才會將關愛的眼神停留在阿根廷、巴西或其他區域的參賽隊伍，除了精彩刺激的球賽外，女生多討論著身材健碩且陽光燦爛的型男球員，而男生更多是關注婀娜多姿且熱情洋溢的拉丁美女，當然越接近決賽的集資下注，更顯露出賭性堅強的凝聚力。隨著慶典落幕回歸平靜，其他47／48的時間，大家不約而同地又回到另一個平行時空，如常地等待著下一次再起的漣漪。

因臺灣媒體侷限的國際視野，讓大多數臺灣人所能接收到的阿根廷新聞除了足球與球星梅西較為正面外，報導多會是當地通貨膨脹、經濟千瘡百孔、犯罪率升高等負面新聞，不時接收這些以偏概全的報導後，的確會對阿根廷有觀感不佳的負面印象。實地到阿根廷的首都布宜諾斯艾利斯旅遊，看到的是城市裡商旅喧囂、井然有序的宏偉建築與整潔街道，展現出高度國際化都市的氣度；偌大的公園裡，野餐與運動的人們比比皆是，生活悠閒又愜意；南部埃爾卡拉法特、烏斯

上：色彩鮮豔的博卡區。
下：布宜諾斯艾利斯的餐廳。

布宜諾斯艾利斯大教堂。

懷亞與北部伊瓜蘇等旅遊勝地，觀光服務業發達，除了有天然秀麗的大山大景，更有友善與勤奮工作的人民。

或許阿根廷是個逐漸沒落的貴族，但是畢竟曾擁有顯赫的家世，因此仍保留著優質的文化與藝術，更擁有豐厚的人文精神與威武不屈的狂狷氣節。

那些精彩時刻

不熟悉的人、事、物總會令人興致盎然，更遑論是到訪未曾親臨的國家。在這趟旅程中，領隊與導遊專業且有條理地分享阿根廷的歷史、文化、政治、經濟及社會各個面向的狀態，老掉牙的一句話：「讀萬卷書，不如行萬里路」，卻也是對每段旅行最貼切的形容。

舉例來說，大多數臺灣人都被儒家敬鬼神而遠之的思想所潛移默化，但在阿根廷首都布宜諾斯艾利斯卻有一座絡繹不絕、人聲鼎沸的雷科萊塔墓園，這個需買票入園的行程，的確衝擊了我的三觀。

在臺灣通常只有在慎終追遠的清明節，才會看到扶老攜幼的家族成員在墓園或靈骨塔祭拜、追思已離世

祥和寧靜的貴族墓園。

的親人；而雷科萊塔墓園卻不會讓人感到淒涼或陰森，反而能看到每一座墓地建成時的創意，以及對離逝者無限的愛意與緬懷，因此除了旅行團，還能看見校外教學的學生，更有成雙成對的情侶、三五好友，甚至家族成員，到此參觀與瞻仰。

對於生與死的觀念兩相對照，臺灣與阿根廷真是截然不同。

此外，在這十幾天行程中，我特別準備了一套正式的服裝與鞋子，占了行李箱有限空間，只為了在布宜諾斯艾利斯的其中一晚欣賞阿根廷國粹——探戈秀。原先我一直以為探戈只是國標舞的其中一種，又因自身對國標舞確實興趣不大，就不曾特別關注。然而此行有幸觀賞源起於阿根廷的探戈舞，能與滿場觀眾一起沉浸於現場歡樂又精彩的氛圍裡，整晚毫無冷場，讓所有人感受著男女舞者強烈的律動衝擊以及樂團、歌手的音樂洗禮，令我頓生相見恨晚的遺憾。

時至今日，每年仍會在布宜諾斯艾利斯舉辦阿根廷探戈大賽，吸引來自世界各地的參賽者，探戈早已拓展且風靡全球。雖有如此不凡成就，但領隊卻向我們訴說，探戈表演至今仍未能得到哥倫布劇院（Teatro Colón）的認可，讓其在世界三大劇院粉墨登場。最初萌芽於中下階層的探戈，很多動作不為當時世俗標準所接受，而妓院也是當時探戈舞蹈進行的主要場所，因此初期的探戈舞蹈的確不能被社會主流人士所接受。但演進到現在的開放社會，卻仍受此禁令所束縛，著實令人感到詫異。

當我們來到阿根廷南部的埃爾卡拉法特，因山上融冰的緣故，我們無法進行越野車活動，領隊與導遊緊急調度遊覽車帶我們一行人到小鎮周遭走走逛逛。隨著遊覽

埃爾卡拉法特阿根廷湖。

車駛出小鎮，映入眼簾的是南美第三大湖泊——阿根廷湖（Lago Argentino），而另一邊是巴塔哥尼亞山脈。

說來有趣，我一直以為「Patagonia」就只是個戶外用品、裝備與機能型服裝的美國公司品牌，在臺灣除了有實體店面外也透過線上營銷，各種商品深受戶外休閒運動人士喜愛並擁有眾多粉絲，想不到它竟是個遠在南美的地名，而無知的我就身處在巴塔哥尼亞高原之中，很可惜沒帶著印有「Patagonia」大大Logo的T恤，若穿上它跟實體山脈合照一定很酷！

不經意地發現生活中息息相關的事物，是如此真實卻又感到奇幻，旅行總是能讓人驚喜。

伊瓜蘇記憶

此行最令我難忘的是，到訪位於巴西的伊瓜蘇市（Foz do Iguaçu）、阿根廷的伊瓜蘇港（Puerto Iguazú）及巴拉圭的東方市（Ciudad del Este）三國邊境地區的聯合國世界自然遺產「伊瓜蘇瀑布」，尤其是乘坐快艇衝瀑布的那段驚奇旅程。我並不像多數團員有看過《食尚玩家》在伊瓜蘇瀑布旅行的節目，所以一切的經歷都感到新奇。

進入國家公園的那天早上，天氣從陰天逐漸轉雨，我們在車站等接駁巴士去搭船時甚至下著滂沱大雨，當無頂貨卡馳騁在泥道上，所有人只能拉著簡便雨衣的帽子，低著頭任憑雨滴狂暴地打在身上，恍惚間我突然有種錯覺，我們這群人正被人口販子載往未知的可怕國度。

伊瓜蘇地標。

下車後爬了一段山路，拿起防水袋到碼頭搭上快艇，在衝瀑布的過程中，我被號稱「魔鬼咽喉」的世界級瀑布景觀所震撼，實在無法用語言或文字形容這身臨其境的刺激感受。回程時突然天氣放晴，白雲之外透出湛藍的天空，那時，船上的所有人笑容就跟陽光一樣燦爛。

上：被譽為「魔鬼咽喉」的伊瓜蘇瀑布。
下：衝進瀑布裡！

行程中總能看到遊覽車司機座位旁放著熱水瓶，還有精緻的杯子上插著吸管，旅遊地點也能看到多數當地人隨身帶著類似的器具，經領隊說明後才知道那是喝瑪黛茶的標準「裝備」。

瑪黛茶是一種傳統的南美洲草本茶，是用乾燥葉子浸泡在水裡後做成的茶飲，能同時提供茶的健康好處、咖啡的活力和巧克力的歡欣。喝瑪黛茶是當地人從小到大養成的傳統文化，也是重要的社交方式，通常是一家人或是一群朋友圍坐在一起，將泡有瑪黛茶的茶壺裡插上一根吸管，然後一個挨著一個地傳著吸茶，壺裡的水快吸乾的時候，再續加熱開水接著吸，邊吸茶邊聊天一直到聚會散了為止。喝瑪黛茶也有個有趣的ＳＯＰ（或者該說儀式）：在壺內裝約四分之三滿的瑪黛茶後，注入攝氏八十至八十五度的熱水讓茶葉溼潤，接著再把過濾吸管以四十五度角插進茶葉，開始繼續注水淹過茶葉時不可攪動過濾吸管，因為可能會因此擾亂過濾的過程，且在分享瑪黛茶的時候若攪動過濾吸管，也會被認為是種不禮貌的行為。

阿根廷傳統瑪黛茶。

在伊瓜蘇當地料理的體驗餐時，終於有機會以阿根廷傳統的茶具與泡茶手法喝瑪黛茶，我很喜歡吸吮後口齒留存的清香感，瑪黛茶被譽為「阿根廷國寶」可謂是名符其實。

世界的終點與起點

我曾經拜訪過「陸止於此、海始於斯」的歐陸最西處——葡萄牙羅卡角（Cabo da Roca），海天一色的美景與溫暖和煦的陽光讓人輕鬆徜徉其中，但這次要去的「世界最南端的城市」烏斯懷亞，因靠近極地，且我們是在八月前往——即南半球的冬季，我心想：當地應該就是個大雪紛飛的冰封城市。

被封為「世界盡頭」的烏斯懷亞，這個封號與名字的搭配既神祕又性感，我不禁想像一位深海閻王鍾愛的海神女妖就藏身在這冰凍之洋，著實是個令人嚮往與窺探的祕境。若以逆向思維來看「世界的盡頭」，表示烏斯懷亞也是「世界的源頭」，既是終點亦是起點，寓意著生生不息、無窮無盡，這麼想著便突然覺得自己已化身為一位天人合一的哲學家了，令人忍俊不禁。

若是搭乘世界盡頭的蒸汽小火車進入火地島國家公園，除了讚嘆自然景觀外，更對當地用心經營觀光的投入感到欽佩。火地島國家公園總面積雖有六百八十九平方公里，但僅開放二十平方公里給遊客參訪，阿根廷守護著世界最長的安地斯山脈末段，成為南半球極為重要的自然保護區之一。

我們搭乘著火車進入火地島。

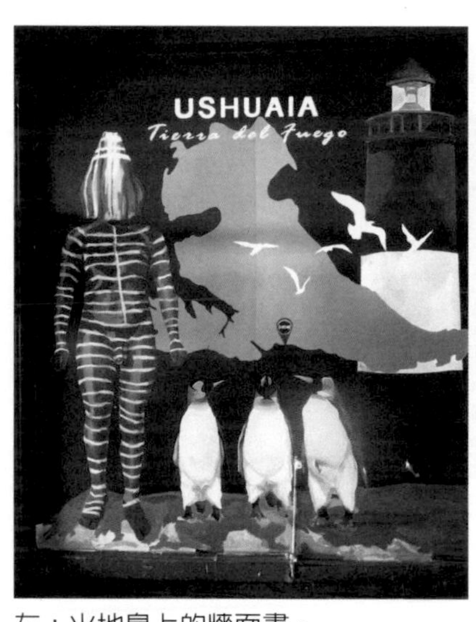

左：火地島上的牆面畫。
右：囚犯警察追逐戰。

車站大廳內掛上各國國旗，讓來自世界各地的旅客不經意間在異鄉看到熟悉國旗時頓感驚喜，也有讓人在旗海中尋找不同國家國旗的樂趣。熙來攘往的人群中突然出現一群穿著囚衣的犯人與警察，展開精彩又誇張的追逐，排隊等車的人們看見逗趣演出後，也露出會心微笑。而聽了介紹才知道，原來小火車使用的鐵軌，是西元一九一〇年由流放到火地島的囚犯所建，百年前的陰森恐怖與無助對照現今的輕鬆愜意與歡樂，今昔兩樣的景象令人由衷慶幸此處監獄早已被關閉。

滿是動物的鈔票

阿根廷因為通貨膨脹嚴重，民眾及遊客得帶越來越多的現金才能採購民生用品與購物。不過先前我曾到過越南，經歷過幾百萬越南盾吃一餐的奇妙體驗，所以我想只要備好貨幣轉換APP，換算過幾次自己的消費紀錄，大概就能夠了解臺灣與阿根廷兩地的消費水平。

到了當地用美金兌換披索後，匯率的轉換反而不是我關注的重點，更加吸引我的，是印有各種自然景觀與可愛動物且顏色鮮豔的鈔票。

阿根廷中央銀行在二〇一六年時，發行了包括原駝、禿鷹、駝鹿、南露脊鯨、美洲豹和棕灶鳥等各種動物圖案的紙鈔（分別是二十披索、五十披索、一百披索、兩百披索、五百披索和一千披索），紙鈔的正面是這些動物的圖案，而背面則是牠們的自然棲息地。這是為了消除不同立場的民眾看到政治人物出現在紙鈔上的不愉快，還可以紀念每個地區不同的代表性動物，並激發人們對環境和本土動物的喜愛與保護。

這種良善的立意以及先進的環保概念，真的值得很多擁有權力的執政者學習。

左：特別的阿根廷紙鈔（正面）。
右：特別的阿根廷紙鈔（背面）。

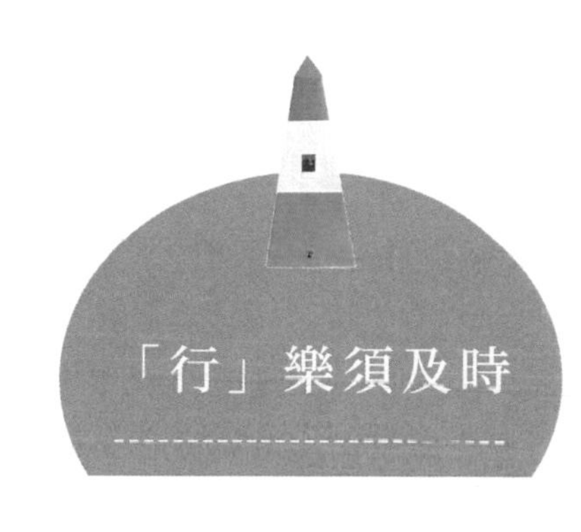

我們之中有多位年紀超過六十五歲的團員，行前已知道保險公司無法承保，所以他們只能錯失了穿上釘爪進行冰上健行、登上形成已超過三萬年以上的佩里托莫雷諾冰川的機會，他們雖感到遺憾，但基於安全性考量與旅行社規則，也只能無可奈何地接受。

這是我第一次聽到有人因年齡問題被限制，而未能體驗震撼人心的冰川慶典，內心除了為長輩們惋惜，但同時也為自己感到慶幸，我想未來或許會有更多的行程可能因年齡、慢性病或如同新冠疫情等其他未知的因素，打亂原本的此生必行計畫；有了這次經驗，給自己的期許是行樂真要及時，不應只是腦袋想想、也不該只是口頭說說，在體能與經濟狀況允許的情況下，趁早到

天地一色的冰川。

陌生的國度旅行，絕對是會令人回味再三、值得與人分享的最佳選擇。

旅程中聽著團員分享旅遊世界各地的趣事與令人讚嘆的地景地貌，納米比亞（Namibia）倒是我第一次聽到的國家名字，感嘆自己的學識淺薄之餘的同時，也好奇地跟團友請教並上網研究該國家。這個共和國位於南部非洲的西面，原來非洲不是只有多數人熟悉的肯亞動物大遷徙、南非開普敦以及好望角，還有個神祕陌生、鮮為人知的納米比亞，她已列入我未來想要到訪的夢幻清單當中。

能與一群素昧平生的團友一起經歷十四天的旅程是種緣分，而團友們守時、守規矩、有禮貌又健談更是大家的福分，非常感謝「以人為本」的元本旅遊提供如此精緻的旅遊安排，更感謝領隊與導遊幫大家串起彼此相知的情分。

Ken 的夢想清單

從「心」的新旅程

鐵小娜

一個每天臺北新竹通勤養家活口的上班族。喜歡旅行前準備工作所帶來的雀躍心情，喜歡旅行中人事物帶來的感動，喜歡旅行後帶來的回憶無價，讓我充滿能量，為了下一趟旅行繼續賺錢。享受與家人一起出遊的時光，因家庭旅行，玩的是記憶，留的是回憶，當下就是永恆，縱使小孩家人不記得，但只要我記得就好。

千里迢迢帶著媽媽來到阿根廷，
讓世界盡頭不是盡頭，
而是從「心」或是「新」開始，
隨心所欲享受精彩人生。

小時候有一部卡通叫做《萬里尋母》（母をたずねて三千里，1976），故事講述一個窮苦家庭裡，母親為了家庭經濟決定到阿根廷去給富有家庭幫傭，每個月母親都有寄家書回家，結果某天再也沒有接到家書。小男孩非常緊張地到處打聽母親消息，得知母親在阿根廷幫傭家庭生病了，就遠渡重洋到阿根廷的布宜諾斯艾利斯去尋找母親，這就開啟萬里尋母的旅途。這個卡通非常感人，就彷彿一顆小小種子在心裡發芽，心裡的聲音告訴自己，哪天也要來看看世界盡頭到底長怎樣。地球另一邊到底是一個怎樣的世界？又有一個怎樣的拉丁美洲文化呢？

從「心」出發，重「新」認識

事實上早在二〇二〇年三月底，我跟媽媽已經準備好拜訪阿根廷，既已參加行前說明會也已繳納團費尾款，誰知道疫情來勢洶洶席捲全球，阿根廷政府為防範疫情擴大，於三月十五日晚間宣布陸海空全面封境，禁止所有外國旅客入境，故而讓我們這趟旅程遞延了四年多才成行。

四年前沒成行的旅程，在今年媽媽滿七十歲生日當年終於實踐了。孔子說：「七十而隨心所欲，不踰矩。」她大半輩子都在為家為孩子操勞，千里迢迢帶著媽媽來到阿根廷，讓世界盡頭不是盡頭，而是從「心」或是「新」開始，隨心所欲享受精彩人生。

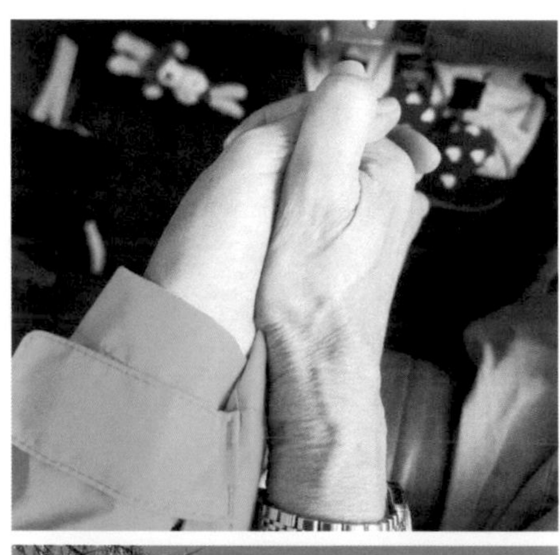

上：參加旅程的理由。
下：和媽媽在探戈發源地的博卡區合照，我們開心得都忍不住跳起來啦！

在啟程前，我對於「阿根廷」這個國家的認識，僅僅限於足球很厲害、梅西是黃金足球國手、要去南極一定要從阿根廷搭船，還有在國中課本讀到北部為高原、中部為草原，西面則是綿延的安地斯山脈。或許是職業關係，我對阿根廷的經濟狀況，比如人民平均所得、基本工資、社會福利狀況及一般公司行號設立如何招募員工等方面深感興趣，這也是在坊間書籍或是新聞中很少被提及的。很幸運能在杜拜前往阿根廷將近十九小時的飛行中，與正要外派阿根廷的中國人比肩而坐，他很熱情地分享阿根廷當地的招工情形，以及外資企業在當地的生存之道，也分享了截至二〇二二年三月，阿根廷月最低工資標準為四萬七千八百五十披索，約合兩百四十美元，但到了同年八月最低工資標準為五萬一千六百披索，令我對阿根廷有了另一個層面的了解。

旅程中，我們參觀了阿根廷著名的景點：大冰川國家公園、火地島國家公園、伊瓜蘇瀑布，如同女人燕瘦環肥，體態不同而各擅其美，風格不同而各有所長。其中最令人期待的，就是參觀伊瓜蘇國家公園的自費橡皮艇衝瀑布行程。二〇一五年，我和媽媽曾去過美東旅行參觀世界三大瀑布之一的尼加拉大瀑布（Niagara Falls），那時我們自費參加衝瀑布行程，當氣勢磅礡的瀑布水狂灑，全身溼透，真是令人太震撼、太瘋狂了，全船尖叫聲不斷！這個回憶讓我印象深刻，且立刻有想要集滿衝向全世界三大瀑布的衝動。同年電視節目《食尚玩家》前往阿根廷，主持人搭乘橡皮艇靠近瀑布峽谷，那激動歡悅的樣子透過電視傳達到腦海中，更是加深我非集滿衝瀑布體驗不可的念頭。

伊瓜蘇瀑布就像一位善變的女人，熱帶雨林的氣候，早上傾盆大雨下午豔陽高照，瀑布湍急發出的怒濤聲彷彿河東獅吼。

大冰川國家公園是位擁有平易近民性格的美人，藹然可親，你可以選擇穿著冰爪，在冰川上健行，親自撫摸她美麗的臉龐，也可以選擇搭乘觀光船，近距離欣賞她的整體美貌，當然也可以愜意走在木棧道上，透過不同角度來遠觀妙齡女子的樣貌，坐在棧道旁的座椅上靜靜聆聽冰川崩塌的聲響。

①｜②｜③

①：衝進瀑布的橡皮艇船票。
②：坐在橡皮艇上的團員們。
③：壯觀的瀑布。

①

② ③

①：冰河與山川互映。
②：走在木棧道上欣賞不同角度的冰川。
③：具有稜角的壯麗冰川。

與媽媽在大冰川國家公園棧道上的合影。

然而我最喜歡卻是火地島國家公園，她外表似高冷美人，外界在她身上掛滿許多「世界之最」的名號，但她其實是一位充滿故事的女人。世界最南端的蒸汽火車，世界盡頭的最後一塊土地，這裡就是一個被全世界遺棄的最後一塊淨土，那麼潔淨、純淨，但也過於清冷，在冷冽空氣中發出任何聲音都會被嫌多餘。然而她就如母親的懷抱般，你可以在這得到寧靜，只需要心靜就能看到大自然最真實的樣貌、就可以聽到自我的聲音；在最接近南極洲的最後一塊土地上，一切都是如此寂靜，讓自己真實面對自我，歸零、轉折、翻新，從「心」開始。

烏斯懷亞，人間最後淨土

第六天從埃爾卡拉法特飛往烏斯懷亞的內陸航班段，似乎冥冥中自有安排，要讓我沉澱自己、認識自我，將自己歸零、再出發的意思。因就快要接近世界最南端的城市——烏斯懷亞時，飛機在峽谷上空遇到風切（wind shear），飛機在空中忽高忽低、近乎顛簸地飛行，飛機上尖叫聲不斷，我的屁股數次離開座位，那時腦海中閃過無數人生跑馬燈，難道前往世界盡頭也就是我的人生盡頭嗎?這趟旅程我還帶著爸爸的另一半，這下我怎麼跟爸爸交代啊?!我緊緊握住媽媽的手，兩人互相依偎。下了飛機，迎面而見的是冷冽、寂寥且孤獨的安地斯山，白雪皚皚的山峰和純淨無痕的海洋，第一個念頭就是「活著真好」。

①｜②
③

①：烏斯懷亞的山林。
②：烏斯懷亞的雪景。
③：寂靜置於雪景中的小火車。

然而在時間及金錢有限的狀況下，我們無法前往南極，那就在有「世界盡頭」之稱的烏斯懷亞港口，搭乘遊艇前往比格爾海峽，眺望世界最南端的燈塔及欣賞企鵝、海獅和海豹吧！登上船隻，航程中可以看到許多鳥類，也會經過被企鵝占領的島嶼（但實際上牠們並非企鵝，而是鸕鷀，為企鵝的前身），

①：港口的船隻。
②：出航後能看見燈塔。
③：被鸕鷀占領的小島。

岩石小島上滿滿的動物，不知道牠們是海狗抑或海獅，傻傻分不清，有些懶洋洋地趴在岩石上，也有鬥來鬥去作吵架貌，可愛極了。航程中途會登上一個不知名的小島，好像是有原住民在那生活過。站在島上最高處環繞四周，眺望遠端被白雪覆蓋的連綿山頭；甲板上風很大，帽子一定要緊緊抓住；進入船艙喝杯熱巧克力，暖暖胃也暖暖心，船窗非常乾淨，一邊啜飲著一邊眺望遠景，身心皆舒暢！

上：開放參觀的監獄房間。
下：原始監獄的房間。

監獄博物館外的歷史壁畫。

在各個具有歷史意義的景點中，令我感觸最深的不外乎就是「監獄博物館」，外觀呈現放射狀的兩層樓建築物，都是囚犯花費大量時間伐木並建造而成，在長長的走廊上，兩旁有一間間單人牢房，總計共有三百多間，長廊的中間及一端接有警衛模型，那猶如老鷹般的雙眼緊緊盯著每個角落，監視這裡的一舉一動。此處還

有一區是保留原始模樣的監獄，一踏入裡面，氣溫立即下降，甚至沒有空調，一股冷颼颼的寒風吹來，冷冷清清的，令人毛骨悚然，若對某些東西比較敏感的人，建議別在此區久留。

曾經有位部落客在網誌上分享，來到烏斯懷亞必做的三件事情，一是出海看企鵝和海豹，二是探訪世界盡頭的監獄，最後是寄出來自世界盡頭的明信片。在聖馬丁大道上兩旁商店都有賣特色明信片，貼上全世界最貴的郵票，每天郵資還會隨匯率變化而有所不同，

①｜②｜③｜④
①：烏斯懷亞的火車站大廳掛滿各國國旗。
②：紀念品商店外牆上的特殊裝飾。
③：將要寄給牽掛人們的明信片。
④：烏斯懷亞的火車站與火車票。

寄出距離相信也是世界之最。我挑了數張明信片，將當下的感動、海天一色的景致，以及恬靜悠然的景象寄給未來的自己和工作夥伴，雖然不知道何時會收到，或甚至有可能遺失，但我相信這就是最好的禮物，也是最適合收藏這段回憶的方法。

我仍迷戀著煙火人間

我對阿根廷飲食的第一印象便是什麼都很大、什麼都很多，份量超足夠，無論是牛肉或是海鮮，甚至是中式料理。有看過碳烤牛肉山嗎？那一個晚上，當大家看見那道碳烤牛肉、羊肉、雞肉山，都紛紛忍不住站起來拍照，牛肉厚度超過五公分，狂妄的帝王蟹、起司披薩、甜滋滋的餐後甜點，和清爽的柚子氣泡飲，但或許是因身為東方人，我還是較喜歡精緻擺盤的食物。

行程最後一晚，特意安排的品酒、料理與廚藝課程讓我驚豔，學習如何包阿根廷的牛肉餃、如何沖泡一杯瑪黛茶並搭配一份焦糖牛奶派餅，嘴裡茶葉的甘味混合著甜而不膩的派餅，令人意猶未盡。那晚的紅酒、調酒、

上：巨大的炭烤肉類山。
下：五公分的牛排。

白酒、瑪黛茶、牛肉餃、牛肉、餐前麵包乃至餐後甜點冰淇淋，讓我們在這趟行程畫下美好句點。

回顧這趟旅程，整團團費總計高達上千萬，非常榮幸與多位醫生以及來自各行各業的人同行。令我印象最深刻的，是一對來自屏東東港、經營雙糕潤的成哥夫妻檔，他們從第一天到最後一天都穿著夫妻裝，而且無論走到哪都可以看到成哥緊緊牽住他的「牽手」，談話中三句不離讚美成嫂的廚藝，或是對家裡生意的幫助，更不用說自眼神流露出對成嫂的愛意，一個當兵兩年寫了七百封情書的男人，倆人一起經歷創業艱辛，一起經歷過糖米油鹽醬醋茶；在店鋪交棒給下一代後，成哥正在一一兌現當年對老婆的山盟海誓，一起走過天涯海角——挪威北角，阿根廷烏斯懷亞，情真意切！相濡以沫！最浪漫的事，就是牽著你的手，一起走到世界的盡頭，在世界盡頭與一輩子伴侶相互依偎，那個畫面既完美又圓滿。

另一個讓整趟旅程增添許多豐富色彩的團員，即是目前任職於嘉義基督教醫院的醫生，旅途中有團員不舒服，他立即展現專業，並熱心地陪同對方在當地購買藥品；乘坐在遊覽車上，他展現聲情並茂的好歌喉，就如同在開演唱會般，歌聲繚繞、婉轉動人；行走在各大景點，他總是走在團體的最尾端，顧前顧後深怕有人落單走失；他就像康樂股長，讓整趟旅程歡笑聲不斷，

他也像保健股長，提醒我們乾燥環境多喝水，他妙語連珠、談笑風生，如果整趟旅程擬似美味蛋糕，那他就是撒在蛋糕上的糖霜，讓整塊蛋糕更加美味。

而在阿根廷首都布宜諾斯艾利斯之外的地方，可以看到許多地方都在新建房子，或有尚未建設完全的紅泥土地，團員嶄新白淨的鞋上沾滿了髒泥，地陪姍姐彎下腰幫團員清洗鞋子，剎時間觸動了我內心最深處。

當地景色美不勝收，但最美還是人，有一句話說得很好：「無論生命中有多少波瀾壯闊，我們最迷戀的，始終還是包裹在煙火人世裡，平凡瑣碎的溫暖和感動。」

鐵小娜的夢想清單

旅行不必囿於年齡

沈卡洛

一名資深家庭主婦。

因為六十七歲的老公常掛在嘴上的：「只要讓我常常出國去玩，我就有動力繼續工作到七十二歲才退休。」為了讓他有持續上班的動力，我總是持續在尋找旅遊的路上……。

我們在清晨剛離開位於半山腰的旅館，
那時，迎來了大滿月——
高掛在世界盡頭冷冽的穹頂之上。

向阿根廷出發！

我曾經在二〇一八年跟團遊秘魯，這個距離相當遙遠的陌生地區，在我們心中留下了壯麗、獨特，甚至悠揚的深刻印象。自從五年前追蹤 Eric 的FB，跟著他的分享，便一直嚮往南美洲的世界。

我並非足球迷，原先對阿根廷的印象大多來自二〇一五年《食尚玩家》拍攝阿根廷的節目，當時的我完全被伊瓜蘇瀑布的壯闊震懾住，心中便默許：「我一定要去這個地方走一遭……」

五年前到秘魯旅遊時，當地導遊是移居南美的臺灣人，她曾提到，一開始和家人是住在阿根廷，不過由於政治影響經濟、匯率的變化等等因素，使百姓生活非常沒有保障，於是他們毅然決然移民秘魯，這件事激發了我對阿根廷的好奇。

二〇二〇年底元本旅遊「世界盡頭夢想清單阿根廷十四天」成團，我對極不熟悉又遠在他方的阿根廷之歷史、文化、政治、經濟等各個方各面備感興趣，而這也是我們參團極大的動力與主因。資訊發達的今日，我沒有買紙本書來參考，只有不斷從網路爬文該如何準備最重要的行李，所得到的資訊是這十四天的行程中，須備妥春夏秋冬四個季節的服裝。後來與Eric在旅途中閒聊，他說即便是南半球的夏季，火地島的溫度竟也只有二十度上下，令人不禁感嘆，阿根廷真是一個溫差巨大的地方。

不僅是南北半球的差異，或是溫差的巨大變化，就連人文和信仰也完全不同。但由於我已旅行過多個國家，且這次有在地達人 Eric 帶團的優勢，我並不擔心這次行程的方方面面，也沒有對阿根廷有什麼既定的想像，只有一顆充滿探索的心，想要好好體驗與認識這個比臺灣大八十倍的南美國度。

在克服長途飛行後，就算旅程其中兩天必須早上五點起床趕搭飛機，我也一點兒都不覺得苦。餐點、景色、人文特質，無時無刻都充滿了驚喜和意外，精彩的十四天不間斷地探索，其中世界第二大的伊瓜蘇瀑布是我此行最期待的部分，而冰川健行也是前所未有的體驗。

不畏三十個小時飛行的疲累，阿根廷，我們來了！

壯麗的冰川。

旅程中的深刻記憶

這次的行程不太有機會能與當地人互動，但是在布宜諾斯艾利斯住宿的幾天當中，完全改變了我之前對阿根廷首都的觀感。

格子形狀的規律街道、受西班牙統治所影響的歐式房屋建築；多次經過七月九日大道，感受世界最寬大的馬路；我非常喜歡許多公寓大樓整齊的陽臺設計，讓住戶多了能與外界接觸互動的機會；散布在許多街角的文青個性咖啡館，幾乎大街小巷都種了樹木做綠化，整個都市就是一個令人放鬆、適合居住的美好空間。以上種種都令這個地方博得「南美小巴黎」的美名。

建立在高級住宅市區中的貴族墓園，也是一個初

街道上的企鵝壁畫。

次體驗便令人以忘懷的地方。它宛如一座囊括所有建築風格的歐洲小城，參觀時完全沒有陰森恐怖的感覺，遊客、學生參訪絡繹不絕，各個墓碑在小小方寸之間，展現了自家的形象風格，而年代新舊雜沓相間，彷彿是一個博覽會的呈現，非常值得造訪。

Eric精選的探戈秀餐廳同樣讓人驚豔，整個秀場的裝潢華麗高雅，餐點亦在水準之上，表演高潮迭起，整體樂團和舞群的演出相當精彩，個別舞者之眉宇眼神、肢體細節也令人再三回味；這讓第一次如此近身觀賞探戈表演的我，留下深刻而美好的回憶！

除此之外，大塊牛肉無庸置疑是我對阿根廷飲食的最初印象，而四處可見的烤全羊餐更令人感受到在畜牧大國慢火烹調下，食物口感是多麼地細緻、美味。不過，所有團員應該一致認同在伊瓜蘇的晚餐時刻更令人流連忘返，透過講解人員的帶領，體驗阿根廷傳統美食的製作、細細品嚐香純的美酒，讓我們度過了一段美妙的時光。

我來到烏斯懷亞

「世界的盡頭」、「世界最南的城市」對我而言，是參加這次旅行的主要誘因之一，在我的想像中，她會是一個極凍且荒蠻的地方。搭乘由蒸氣機車（又稱蒸汽火車）牽引的世界盡頭小火車進入國家公園，沿途看見遭到砍伐的樹墩遺跡，使我內心極度憾動，不禁感嘆：因為有囚犯在這樣惡劣的環境與氣候中工作，才

歡迎來到烏斯懷亞！

左：從火車上望出去。
右：遠遠看見的火車。

能建立起烏斯懷亞這個世界盡頭最南端的城市。而下午安排參觀的監獄博物館，艱困的地理位置和環境，反應監獄建築的獨特和設計，真是一趟前所未有的經歷。

出航比格爾海峽時，由海上回望烏斯懷亞市區時給我的感動，寧靜、平和、山與海的層次，彼時我只有一個感受：「我竟然身處在這輩子不曾想過會來到的地方——烏斯懷亞。」

後來由於年齡限制，我無法參加冰川健行，而有較充裕的時間徜徉在佩里托莫雷諾冰川棧道，我親眼目睹巨大冰柱在面前應聲崩落的實景，並且在耐心等待中攝錄到影片，是個意外之喜。

RUMBO SUR

左：嚴寒天氣中仍有生命。
右：路牌靜靜佇立。

左：華麗的介紹牌。
右：火車站外的標示與火車畫。

烏斯懷亞的地貌。

大人需要的是新朋友

在烏斯懷亞機場候機時，聽到來自屏東的成哥夫婦與我們分享他倆的愛情故事，成哥在小金門的兩年服役期間一共寫了七百封情書維持住了這一段感情。當領隊弱弱地發問：「真的沒有什麼事的話要寫些什麼呢？」成哥則表示，就算只有報平安也會寫成一封信。這趟他宣稱為「情定烏蘇懷亞」的旅程，更見證了他倆的堅貞愛情。

此外，領隊 Eric 在開始旅行時，使用心地設計了「阿根廷常用單字」的教學，團員認真練習，並勇敢地運用這些單字和當地人互動，Eric 甚至還隨時檢視團員使用情形，當被他誇獎講得很好時，讓這次的旅程更有趣了。回國後耳邊甚至還時不時會迴盪著「葛拉西雅斯」（Gracias之音譯，西班牙文「謝謝」）的聲音。

松浦彌太郎（1965-）在他的《大人學》一書上說：「大人需要的是新朋友。」我覺得參加旅行團旅遊正是認識新朋友的好方法，文章的內容是這樣的：「如果希望自己還有成長空間的話，最好要與新的人往來，注意到我們還有成長空間的人、願意幫助我們擴大成長空間的人，就是我們的新朋友，能夠幫助我們引導出今後的潛力、幫助我們成長的，永遠是陌生的新朋友。」

而我也喜歡以這樣的方式認識新朋友！

尾聲的致謝

由於同儕之中，很少有人到過阿根廷旅行，藉著這次的世界盡頭之旅，我已然打開夢想清單的頁面，體會到旅行可以讓我到達不同的境界。南美洲有著完全不同於其他地方的旅遊體驗，我全然享受這次等待了八個月後才出發的旅行，這次同行的每一團員共同成就了深刻美好的回憶！

這趟旅行除了打開夢想清單的頁面，更引發我想要繼續朝舒適旅遊（多數人常去的國家）以外的地方探索，把觸角伸向更深廣的領域。

這次的飛行三十個小時是突破，而我也做到了！

如今回想起來，才驚覺由阿根廷在地達人 Eric 設計的行程，真的是超級完美。在阿根廷國內的五趟飛機完全取代了我們到各個世界遺產景點的拉車行程，每當參訪完一個世界遺產後，都會再回來布宜諾斯艾利斯做市區導覽，分次讓我們細細品味他引以為榮的家鄉。這個超級阿根廷達人不但花費長長的時間向團員仔細介紹偶像梅西的不同面向，更恨不得用他的超雷達向團員介紹他喜歡的食物和餐廳，我們欣賞他對阿根廷種種事物的熱誠和心意。剛抵達布宜諾斯艾利斯的晚上，Eric 就貼心地請家人於深夜在旅館等候，顧不得分別快要四年的親情重聚，火速讓團員換到旅行期間所需的披索。在埃爾卡拉法特享用晚餐時，他還特地多點了好多食物，並將剩下的食物打包，讓當地的毛小孩也能飽餐一頓。抵達特定景點時，他也都會特別介紹：「這是我騎腳踏車經過的地方」、「我學生時代來過多少次了」，我們隨著他的腳步，彷彿也參與了他的青少年成長時期。這就是 Eric 率真熱情的地方，我很喜歡他對旅遊充滿熱情的特質。

旅行結束後，線上聽了 Eric 對古巴非常詳盡而精彩的介紹，瞭解到古巴獨有的人文歷史特色，且較少有世界遺產景色。我真希望在阿根廷之行出發前也能夠收聽到Eric對阿根廷的介紹，如此一來，此行的收穫必定更加豐富！

儘管短期內應該不會馬上再訪阿根廷，畢竟三十個小時的飛行對六十五歲的人而言實在有些吃不消，但卻也因此更顯得這次旅程的難得與可貴！

很榮幸能夠參與這次元本的出書計畫，讓這份美好的回憶永久保存下去。

謝謝元本旅遊、謝謝Eric！

因為元本，臺灣和阿根廷的距離變成在一個平面上了！

沈卡洛的夢想清單

走看世界，不虛此生

劉兆明

從小對世界充滿好奇，總想知道眼前這條路通往何方？大學任教三十餘年，專長領域為工業與組織心理學，關注人才培育與組織發展等議題。平日為教學研究拚搏，總是盼著寒暑假出遊喘息。退休後勤於鍛鍊身心，維持體能，以繼續走看世界。

我對世界總是充滿好奇，
小時候看到任何一條路，
都想知道這條路通往何方？

國旗飄揚下的國族情懷

我喜歡旅行，經常自助旅遊。中南美洲則是我一直想去的地方，但基於語言及安全的考量，自由行就有點困難了。在 Google 上搜尋中南美旅遊資訊時，看到元本旅遊「跟領隊回家」的宣傳文案，覺得很有趣。又陸續看到 Eric 在媒體上的專訪，追蹤他的臉書，也去聽了講座，覺得能跟著領隊回到他自己的家鄉，實在是很難得的機會，就有了這次旅程。

抵達布宜諾斯艾利斯那天，當飛機平穩降落，機艙便響起如雷的掌聲，我猜想應是源於經過長途飛行後，終於抵達目的地的興奮之情吧！後來又坐了幾段境內飛機，降落時竟也都有掌聲。Eric 跟我們說，拉丁民族很熱情，樂於分享（這也表現於他們的飲食文化，甚至共飲瑪黛茶的習俗上），也較會照顧到他人感受，飛機降落時的掌聲，是表達對機師及空服員辛勞的感謝。聽了以後我大為感動，往後飛機降落時都會跟著鼓掌。最後回程時，飛機降落臺北，我們的團員也都紛紛鼓掌，大家相互應和，並露出心照不宣的微笑。這也是文化價值觀的感染與學習吧！

領隊是阿根廷華裔第三代，從小就在布宜諾斯艾利斯的唐人街學中文。他在臺灣工作十餘年，中文極佳，文筆又好，完全不會讓人覺得是外國人。Eric認同且喜歡臺灣，並隨身攜帶了一面中華民國國旗。我們到阿根廷的第一天，他就在國會大廈前展開這面國旗讓團員們留影，令大家相當驚喜，其後每到一個城市，我們都會有一張與國旗的合照。由他打開、收起這面國旗的呵護姿態，都可以看出他對這個國家的尊重。

從他身上，我同樣感受到阿根廷人強烈的國族認同感，這不僅表現在足球賽事中，也在國旗、國歌、抵禦外侮，以及對自己國家恨鐵不成鋼的複雜心情上。

比如，在烏斯懷亞外海被英國占領的馬爾維納斯群島是阿根廷人的心頭之痛，但我們只知道英國為這個群島的命名——福克蘭群島；而每當我們以此稱呼時，Eric 便會正色要求我們在阿根廷的國土上，要用阿根廷對群島的命名，才是基本的尊重。在世界盡頭，有一塊藍色的牌子寫著「馬爾維納斯群島是我們的」，Eric 再度對我們講述這段歷史，然後情不自禁地行舉手禮致敬，那畫面烙印在我的腦海中，令我相當感動。

馬爾維納斯群島是我們的！

傍晚回到旅館時，Eric在車上宣布，這家五星級飯店已經主動為我們掛起了中華民國國旗。在國外看到國旗因我們的到訪而在異國飄揚，真是相當驚喜，內心也是無限感動。

阿根廷人的心頭之痛——馬爾維納斯群島

英國將其命名為「福克蘭群島」，阿根廷則稱其為「馬爾維納斯群島」。

法國、英國、西班牙和阿根廷都曾在島上設立定居點。英國於一八三三年重申其統治權，但此後阿根廷歷屆政府仍宣稱擁有島上主權。一九八二年，阿根廷對島上實施軍事占領，福克蘭戰爭由此爆發，之後阿根廷戰敗撤軍，英國再次擁有群島。

旅館懸掛中華民國國旗。

一場冰封之旅

我們降落在原先盛產羊毛的埃爾卡拉法特，她位在被形容為「荒涼的極致，絕境的飄渺」的巴塔哥尼亞高原上。機場就在美麗的湖邊，出了機場，眼前一片荒漠，一群野生原駝（Lama guanicoe）正在辛苦地覓食。可惜驚鴻一瞥，沒有留下深刻印象。

我們要拜訪的大冰川國家公園，是全球第三大、最年輕（二十萬年）的冰川區，在一九八一年被列為世界自然遺產。她曾經是世上少數還活著且仍持續增長的冰川，但這兩年仍不敵全球暖化的影響，開始後退，令人擔憂與惋惜。

遊冰川有三種方式。

我原先最嚮往的是冰川健行，穿上冰爪，行走於冰川之上。然而行前被通知，因保險公司拒絕為六十五歲以上的遊客投保，所以有許多年長者無法參加。這次參團到阿根廷，才知年齡會被旅行業視為高風險的因素，即便許多人都想退休之後再遊走世界，實際上應是處處受限，行樂需及時，體驗世界不能等退休啊！

俯瞰大冰川。

遊船看大冰川。

另外兩種方式就是坐船，可逼近冰川前三百公尺，或是走公園步道，由高處俯瞰冰川全景。船遊有南北兩個碼頭，我們健行及船遊都是由北碼頭出發，看到的是冰川的東北一隅。步道則是居高臨下，由上而下環狀設計，愈往下愈靠近冰川。我和老婆分道揚鑣，她去冰川健行，我坐船及走步道。不過眼前壯觀的景緻實在太為震撼，等她健行回來，我們又一起走了趟步道，當傍晚公園要關門了，才依依不捨地離開。

極寒荒島上的堅韌生命們

烏斯懷亞原是一個荒島，百餘年前的阿根廷軍政府想出用囚犯來開發的主意。從一九一〇年開始，將一些重刑犯及政治犯流放於此，要他們蓋自己的監獄。為了獲得建材及民生所需之燃料，就先由犯人修築鐵路上山伐木，這條鐵路現在成了要去國家公園之前必搭之囚犯列車。

地方政府對這條森林鐵路的經營頗有一番巧思，從進入車站開始，就有囚犯行動劇。進入閘門驗票時，囚犯們會上前合照。車廂座位雖是自由座，但服務人員會貼心地將同行旅客安排在一起。車廂內更有耳機提供七種語言（包括中文）的沿途解說。在中途休息站，可用合理的價格買到入閘門時和囚犯們的合照，價格大約五

左：火車窗外。
右：復古蒸氣火車。

千披索，約合新臺幣兩百五十元，比起遊船上一張要價美金二十元合理得多，只要照片拍得好，遊客們也大多願意買單。

在中途站休息完畢，準備離站時，遠方傳來火車汽笛聲。一列蒸汽火車噴著白煙，急駛而至，頓時引發月臺上旅客們的騷動，大家都拿起手機追著入站中的火車拍照。畢竟蒸汽火車才是真正吸睛的「火車」啊！原來這是頭等艙列車。將成本高的蒸汽火車賣出高價，一方面增加營收，同時又可包裝成觀光熱點，不得不佩服經營者的眼光。

到烏斯懷亞當天下午有一個出海行程。在港口邊先拜訪了成群海鳥棲息的島礁，看著鳥兒們乘天翱翔，或是沿海面低飛捕食。再往前行，另外一個島上則棲息了大量的海獅、海豹等哺乳動物，牠們有的在岸上相互摩蹭嬉遊，有的下海戲水，非常可愛。遊船繼續前行到一個無人島，讓大家下船登島遠眺，並觀賞在島上惡劣環境下生存的植物。這些植物都歷經風霜，雖然看起來不甚起眼，但其強韌的生命力，還是令人刮目相看。

與人生伴侶相依於世界盡頭。這次和老婆是以二度蜜月的心情出遊，在步道尾端留下這張值得懷念的照片。

驚險刺激的伊瓜蘇瀑布之行

阿根廷是南美洲最大的葡萄酒產地，產量世界排名第四。造訪伊瓜蘇當晚，元本旅遊為我們在市區的高級餐廳安排了一場相當特別的品酒與廚藝體驗。我們先品嚐了迎賓調酒，非常好喝。隨後再依菜色配上白酒及紅酒，每出一道菜，廚藝老師都會詳細解說。前菜名為「恩潘納達」的牛肉餃會有廚藝老師帶著我們一起完成，我們跟著老師包餅皮，餃子做好後插上自己的名牌送去烘烤，二十分鐘後上桌，等待的期間又品嚐了好幾道原住民特色小吃，主餐則是五分熟的精緻牛排，餐後更有瑪黛茶教學，學會了如何飲用獨產於這片紅土區的阿根廷國民茶。阿根廷是牛肉消費大國，我們全程吃了各種不同的牛肉料理方式（以碳烤為主）與部位，但這一餐的牛排肉質及熟度還是最合我的胃口。

觀瀑小火車。

遊覽伊瓜蘇瀑布有上中下三層路線，下小火車後，步道會先穿越幾條非常寬廣的河面，這就是瀑布的上游河道。再往前行，遠方開始出現瀑布奔洩而下所激起的大量水氣。轉個小彎，寬廣平靜的河面突然陷落，河水如萬馬奔騰，傾洩而下，這是位於上層的、最雄偉壯觀的魔鬼咽喉大瀑布，一個超大的馬蹄型瀑布，高八十二公尺，寬一百二十公尺。觀景臺就在瀑布上方，居高臨下，全身都被瀑布激起的水花濺溼。大家拚命從各種角度拍照，想留下這個前所未見的驚奇畫面。所幸領隊 Eric 在行前說明會就已再三提醒要準備掛在脖子上的防水手機套，否則不知這時會有多少手機葬身水底啊！

我們也到中層探訪不同落差、景觀各異的大小瀑布群。午餐後，在滂沱大雨下，搭乘四輪傳動的敞蓬越野車，下到瀑布底的河面碼頭，坐橡皮艇去衝瀑布。為了刺激氣氛，橡皮艇先故意迴圈衝浪，再直奔大瀑布。看到瀑布逐漸接近，大家愈發興奮。衝到瀑布前，大水當頭而下。儘管拿起手機狂拍，但眼睛早已無法睜開，只能憑感覺抓方位。橡皮艇來回衝了好幾次，大家 High 到最高點，才掉頭返航。上岸後仍覺得意猶未盡，回味無窮。

①：在橡皮艇上看見的瀑布。
②：衝瀑布！
③：全副武裝衝瀑布。

肅穆墓園與探戈表演

在布宜諾斯艾利斯這個明亮城市的中心，最吸睛的觀光亮點之一，竟是被華人社會視為陰森恐怖的墓園。這座墓園是由於一位貴族後繼無人，便將面積廣達十英畝的產業捐贈給教會作為教堂後花園，自一八二二年起成為墓地後，因歐式宮殿的陵墓建築風格，強化了墓主的顯赫身分，墓園成了地位和榮耀的象徵，許多名門望族都會在這裡購買墓室，使此處成為貴族墓園。如今已有二十三位阿根廷正副總統、兩位諾貝爾獎得主，以及七千位阿根廷社會歷代精英長眠於此，包括裴隆夫人艾薇塔。墓園所在街區，也是城市最繁華的貴族生活圈。墓園周邊林立著咖啡廳、餐廳、高級旅館與名牌商店，並且面對墓園的房間，也會有較高的定價。

造訪墓園前兩天正是中元節，人鬼之間，映照出不同文化下的生死價值觀。我比較欣賞阿根廷人能用正面明亮的角度看待生死議題。

②｜①
③｜

①：貴族墓園一景。
②：歐式宮殿風格的陵墓建築。
③：阿根廷總統及教育家多明戈·F·阿爾巴拉辛之墓。

MARTIN DE

探戈秀場。

告別阿根廷前的最後一夜，我們觀賞了阿根廷國粹探戈秀，這是需要穿著正式服裝出席的場合。為了這場盛會，在行前說明會時，領隊特別請大家攜帶皮鞋，男生穿著有領上衣及西褲。秀場在七月九日大道旁，晚上八點三十分先用晚餐，元本旅遊為我們安排了中間最前面的座位，無疑是最好的觀賞位置。十點表演開場，我原先以為探戈只是雙人舞，然而這次在專業的表演舞臺上，看到探戈的各種不同表現方式，特別是群舞的節奏，以及現場樂團與舞者的和諧共鳴，都讓人印象深刻。

世界何其大

本團的團員大多是深度旅行老手，或是有豐富的人生閱歷，交談時常有意外的驚喜。深覺人外有人，天外有天，大大拓展了我們的視野。旅伴們的分享中，最令我感動的是一位來自臺中的工廠基層作業員工，她說自己要存好久好久的錢，才能負擔得起這趟旅費，但為了實現自己走看世界的夢想，還是用力把卡刷下去。回去以後，一切重新開始，又要再為下一趟旅程打拚。這次旅費對我們夫妻也是不小的負擔，我們是以二度蜜月的心情，才說服自己支出這筆費用，但大自然奇景帶給我們的感官震撼，以及旅伴們豐富的人生經歷所帶來的心情悸動，都讓我們感受在心，深感不虛此行。

上：文化藝術市集博卡區。
下：博卡區壁畫。

街頭古董巴士。

旅程結束後，我更能體會到要努力維持健康，趁能走動的時候多把握機會出去看看外面的世界。世界何其大，無奇不有，只待我們有心發掘。

劉兆明的夢想清單

旅行，為了再次感受人生

李方桂

我叫李方桂，在一家外商公司擔任業務經理。我喜歡四處旅行體驗新鮮的人事物，我相信每一趟旅行都能開闊我的視野及想法，努力賺錢、把握當下、及時行樂是我的人生觀，讓自己不斷升級，在人生中增添不同的經歷。

當我來到此處踏上了燈塔，
拋開一切走到世界盡頭，
也將不開心的事留在盡頭。
回程便能感受到重生，
再度重啟新的視野及心態。

從智利開始的夢想清單

我喜歡旅行，喜歡在世界各地不斷堆疊一層層不一樣的記憶，喜歡體驗不同的文化風情及生活飲食。把握當下、及時行樂一直都是我的人生觀。

我曾在某一年到訪智利，這是我第一個南美洲旅遊的經驗，智利有許多令人驚豔的自然景觀及神祕的古文明文化。她是一個狹長國家，國內機場都以首都聖地牙哥（Santiago）為出發點飛往南北。我到了智利北端的阿塔卡馬沙漠小鎮（San Pedro de Atacama），這裡因地形酷似月球表面而得名「月亮谷」（Valle de la Luna），我在月亮谷一邊享用紅酒和下午茶餐點，一邊等待著日落月出。當夕陽西下，背後的安地斯山脈被暈染成一片通紅，同時等待著月亮緩緩升起，我不由得讚嘆造物主的偉大。

來到智利南端的百內國家公園（Parque Nacional Torres del Paine），百內公園保存著大自然的氣息，其壯觀的藍色浮冰漂浮在冰河上，這奇特景觀深深烙印在我心裡。接著來到了神祕古文明的復活節島，島上大大小小的摩艾石像（moái），卻沒有人知道它們從何而來？又存在了多久？這些難解之謎實在令人津津樂道。

此次的南美之旅，不論是大自然巧奪天工的景觀，抑或是風情民俗及南美洲人們的友善熱情，全都深深虜獲我心。從那時起，我便在心底默默許下「必須把心目中經典必去的國家一一解鎖」的願望。

疫情之後，優先考慮的行程依然是南美洲，選擇阿根廷其實就是單純覺得：這個國家是世界上離臺灣最遠的國家，且位於美洲最南端，我要趁年輕有體力時先解鎖最遙遠的國家。

無意間看到元本旅行社的「阿根廷世界盡頭十四日行程」，其中，在被指定為聯合國教科文組織世界遺產的冰河國家公園進行冰川健行，以及於伊瓜蘇國家公園欣賞瀑布，還有拜訪世界的盡頭烏斯懷亞等等行程引起我的興趣。由於不曾體驗過穿著冰爪在冰上健行的感覺，我內心非常期待，也曾經看過旅遊頻道介紹伊瓜蘇的壯觀瀑布，想著自己一定要身歷其境，體會其震撼，還想去世界盡頭烏斯懷亞，讓自己面對一望無盡的世界邊界，在寂靜中深入探索內心的感受。

於是，旅行就這樣開始了。

文化、美食和足球之都

提到阿根廷，就會聯想到足球、牛排、探戈及通貨膨脹。作為世界著名畜牧大國，放在烤架上慢慢炭烤著的大塊牛肉，絕對是大家提到阿根廷美食時最直接的印象。他們擁有自然環境優勢，牛隻靠著天然環境放養所以肉質鮮嫩。

旅程中，我們在伊瓜蘇的知名餐廳「The Argentine experience」來了場阿根廷美食體驗之旅，學習如何製作當地國民美食「恩潘納達」——將牛肉餡放入麵糰裡，並摺出皺褶，最後放入烤箱，熱騰騰的恩潘納達出爐！外皮酥脆、牛肉內餡香氣滿滿，是一道非常好吃的國民家常菜。阿根廷文化重要元素之一的碳烤牛肉在這裡榮登最佳主角，廚師將牛排烤至三分熟，用刀子切開就能看到呈漂亮粉紅色的肉，只能說是我這輩子吃過最好吃的牛排。享用著美麗佳餚並品嚐阿根廷紅酒，真是人生一大享受。接著，甜點阿爾法赫甜奶夾心餅登場，兩片鬆軟餅乾中間抹著焦糖牛奶醬（dulce de leche），再抹上一圈椰子粉，一口咬下，嘴裡充滿了焦糖牛奶的味道，還帶著微微的椰子香氣。吃甜點一定要配上一杯瑪黛茶，將茶葉裝滿杯子，用手遮著杯口，微微傾斜把茶葉屑倒出，注入七十度的水，再插入

自己嘗試做的恩潘納達，好吃！

The Argentine experience 的藏酒相當豐富。

①：肉質鮮嫩的阿根廷牛肉。
②：製作阿爾法赫甜奶夾心餅的所有材料！
③：清香帶點苦韻的瑪黛茶。

吸管即可享用。清香微帶點苦味，是餐後助消化的天然好飲品。

探戈則是一種來自阿根廷的舞蹈及音樂，我們也常常在國際標準舞裡看到探戈表演，我對它的印象就是舞者靠著雙腿優美地踢腿、勾勒，音樂及舞步中自有一股風情萬種的曖昧。

阿根廷曾經是世界上最富有的國家之一，如今卻面臨持續的通貨膨脹及債務危機，目前已是世界上通膨率最高的國家之一，我想，通膨對於阿根廷人民的物價也有很大的影響，人民一有錢就會趕快花掉以對抗通膨的狀況。當地居民會花很多時間來「享受人生」，他們的生活步調很慢，而且有錢就花，不太有儲蓄的習慣。

對於阿根廷人來說，足球是精神上的最高榮譽，在面臨經濟崩盤的現今，足球已成為了唯一的精神殿堂。阿根廷人可以為了足球賽，請假在家看賽事。阿根廷足球多次踢進世界盃，其中令我印象深刻的足球員有加布里埃爾．巴提斯圖塔（Gabriel Batistuta, 1969-）、迪亞哥．馬拉度納，以及萊納爾．梅西。二〇二二年阿根廷球隊贏球時，上百萬人塞爆首都的共和國廣場，不少球迷喜極而泣，足球儼然就是阿根廷人的精神凝聚。每每看到電視轉播世界盃足球賽，透過電視螢幕也能感覺得出來阿根廷對於足球的狂熱、感受得到他們對自己國家有多麼自豪，這種氛圍油然地令人感動。

當足球賽事落幕、所有一切回歸平常，阿根廷又開始了慢活人生，不管是飯店服務員、餐廳服務生或是商店收銀員，整個城市步調跟臺灣相差甚遠。一開始不太習慣，後來也慢慢學會著放慢步調，耐心等待。在阿根廷的十四天也讓我體悟到，有時在生活中放慢步調、享受當下也是必須的。

我們第一個接觸到的阿根廷人是海關，當地的海關很友善，做事也不著急，很謹慎地核對每一筆護照及簽證資料。對完後再慢條斯理走入一個房間，蓋完入境章後再不急不徐地走出來，將相關證件交還給你。相較於亞洲人做事，我們或許覺得他們沒效率，但他們如此講究慢節奏的做事步調，不只可以更謹慎地將事情處理好，也可以訓練我們的耐性。

接著遇到的是阿根廷司機，每位司機都非常有禮貌且具紳士風度；有趣的是，每天早上都還會看到司機來上一杯瑪黛茶。阿根廷人經常飲用瑪黛茶，不只單純喜歡茶的味道，也是作為一種聯誼社交的渠道，他們喜歡與家人朋友於聚會時一起分享瑪黛茶；而司機飲用瑪黛茶，也意味著歡迎我們這些國外來的朋友來到阿根廷旅遊。

意外遇到的七月九號大道馬拉松。

旅程的第二天，團員按照領隊的指示在大廳集合，卻遲遲未見遊覽車到來。原來是整個街道都被封起來，司機繞了一小時無處可入。跟團旅行時，領隊及導遊的應變能力至關重要。領隊 Eric 臨危不亂，鎮定地想出了一個辦法：讓團員們自行拉行李走到公車站去等遊覽車。一行人浩浩蕩蕩拖著行李，走到了不遠處的公車站牌等待司機到來，最後總算順利上車。我們事後得知，原來是布宜諾斯艾利斯的七月九日大道上正舉辦一場半程馬拉松比賽，因此才將街道封鎖。七月九日大道是全世界最寬的道路，總共有十八條車道。我在臺灣參加過無數場馬拉松賽事，看著選手們在大道上奔馳，很想下車為他們加油。看著眾多選手一一跑入賽道，也令人感到異常興奮。雖說馬拉松賽事打亂了既定行程，且因各處都封路，導致司機在市區繞了很大一圈，在最後一刻才順利趕上飛機，卻也讓我們看到更多城市景觀，為此次旅行增添了不同的經驗。

在布宜諾斯艾利斯處處可見歐式風格建築，世界十大最美的書店——雅典人書店（El Ateneo Grand Splendid），白色典雅的歐式建築坐落於雷科萊塔區（Recoleta），它從女王的宮殿改造成劇院，再跨越一個世紀後又從劇院發展成書店，保留了劇院原有的希臘雕刻、包廂、舞臺及天花板的畫，將原有的座位區改成書架，擺放包羅萬象的書籍、CD、DVD和黑膠唱片，顯然是一個可以尋寶的寶地，書架區裡不論是書迷或是觀光客，個個散發書香氣質。咖啡廳坐落於舞臺上，原本劇院的紅色布幕依然保留著，在布滿咖啡香的舞臺上啜飲一杯咖啡，置身於華麗宮廷裡更顯得優雅。從二、三樓保留的陽臺向下俯視金黃高貴色系的氣派空間，在車水馬龍繁忙的市區看著每位踏入書店的人，可以感受到大家放慢了步調，享受著此處安靜的氛圍。

①｜②
③

①：雅典書店的典雅外觀。
②：天花板上的畫與下方書架區遙相對望。
③：在書架區中來往的靜謐人群。

在絕響來臨以前

站在觀景臺上，映入眼簾的是約二十層樓高、白裡透著藍光的世界自然遺產——佩里托莫雷諾冰川。她由密實的結晶組成，可以吸收除了藍色之外所有顏色的光波，藍色光波透過冰川反射而出，表面的冰受到陽光、空氣和水影響，看起來便是雪白色的一片冰地。

穿好冰爪後便可以開始冰川健行囉！腳上套了冰爪後就多了點重量，健行教練說要半蹲模仿猩猩走路，兩腳必須站寬一點並抬高，每一步路都要確保自己的腳步穩定後才能再繼往前走。我每踏出一步，內心的感動就越澎湃，從未想過自己會踩在世界遺產之上，通過冰洞時我覺得自己就像是動畫《冰雪奇緣》（*Frozen*, 2013）裡的艾莎（Elsa），冰川夾縫裡還留有萬年冰川水，蹲下來用手舀起一瓢冰冰涼涼的冰川水細細品味，雖然嚐不出什麼味道，但當水慢慢從咽喉流入身體內，令人感覺通體舒暢。大自然實在神奇，此處的每一個角落都未經人為加工，全都是自然形成，再深深吸了一口冰涼的空氣，我多麼希望時間可以就此定格在此地此刻。健行最後，我們享用了加上冰川碎冰的威士忌，從沒想過人生中能有機會將冰川的冰納入肚內。

隨著全球氣候暖化，在這趟冰川健行之旅內，短短幾小時便目睹了數次冰川崩塌、落下的怒吼。我一方面欣賞著冰川的美，另一方面也擔憂全球暖化，隨著全球冰川融化速度加快，美麗的景色或將成為絕響。無比慶幸參與這次旅行，還可以見證到冰川那晶瑩無瑕的光澤。

我把憂愁遺留於此

在王家衛的電影《春光乍洩》中有一句臺詞：「一九九七年的一月，我終於來到了世界盡頭，這裡是美洲大陸南面的最後一個燈塔，再過去就是南極，突然之間我很想回家……」我對電影內容的記憶已經非常模糊，片中場景應是一座紅白相間的燈塔佇立在一座孤島上，四周環繞著山。

在世界盡頭的城市烏斯懷亞，其港口是一個搭往南極的重要中轉站，也可以搭上遊艇造訪知名的比格爾海峽。此行我們搭上遊艇，到訪世界最南端的野格萊瑞斯燈塔（Les Éclaireurs），飽覽岸上綿延不斷、被雪山包圍的景象，幾處荒島有著滿滿的鸕鶿停駐，乍看之下像極了企鵝，不時看著鸕鶿展翅高飛，看起來多麼優游自

①

② ③

①：烏斯懷亞的港口泛著粼粼波光。
②：我們將要搭乘的遊艇。
③：孤島上占據著鸕鶿。

左：監獄博物館內被輕易看守的牢房走道。
右：孤獨一人的牢房。

在啊！船繼續向前駛，又經過一個被海獅占據的荒島，海獅低沉的叫聲此起彼落，彷彿在跟我們問好；接著來到了比格爾海峽最有名的地標——世界最南端燈塔，將不開心的事遺留於此，返回烏斯懷亞港時有種彷彿重獲新生的感覺。

火地島遙遠寒冷，其上的烏斯懷亞監獄早期是重刑罪犯流放之處，監獄本身還是由他們自行建造，這些人許多是終身監禁犯或是政治犯，來到這裡從事各種工作，烏斯懷亞鎮的道路、建築物、橋梁都是他們的成果。我們搭乘蒸汽火車前往火地島公園，這是十九世紀後期用來載送囚犯的，在這片天寒地凍、與世隔絕的土地上，若是越獄時沒人接應，大概也會凍死在半路上，因此囚犯只能終生居住於此。博物館保留了監獄的牢房、廁所及衛浴間，走在長廊上時不禁回想著，當初這些罪犯在如此潮溼、寒冷的惡劣環境下，還要遭受暴力及虐待。雖說這些都是重刑犯，但我還是感到非常難過。

旅遊時總希望將眼前美景一一收入眼中，也希望將當時的感動烙印在腦海。最好的方式是在旅行時買幾張明信片，以此見證自己的足跡，也將這份感動及心境透過隻字片語分享給自己及友人。我們踏進烏斯懷亞街道旁的店家，精心挑選具有世界最南端特色的明信片，衝到世界盡頭的郵局，希望透過明信片蓋上世界盡頭的郵戳，讓未與我同行的姊妹們收到明

信片後，也可以感受到我在世界終點為她們捎去的祝福；更希望自己能代替她們將不開心的事全都遺留在世界盡頭，期許她們也可以拋開一切不開心，重新啟動嶄新的人生。

世界盡頭的火車，將行駛何方？

充飽電再出發

十四天的行程無法將所有阿根廷的自然景觀一一收納完。若有機會，期望能再度造訪阿根廷城鎮卡法亞特（Cafayate），挑戰去巴塔哥尼亞高原的菲茨羅伊峰（Monte Fitz Roy）與托雷峰（Cerro Torre）健行，再造訪十四色山（Serranias Del Hornocal）。

疫情過後，讓許多人開始重新思考「把握當下，實踐夢想」的重要。在每天戰戰兢兢的高壓工作中，一根弦若是繃得太緊，總有一天會斷裂；一顆心若是禁錮得太久，總有一天會失去平衡。我們都需要放飛心靈，停下腳步，盡情地讓心翱翔在自由的天空，透過旅行將所有的事都放下。重新審視自己、找回自我，等休息夠了、充飽電了，再飛回現實生活繼續面對自己的人生。

我自己有一個夢想清單，世界上許多夢想之地我也一一解鎖。彷彿生命是為了旅遊而存在，努力工作賺錢，也是為了下一趟旅行的實踐。每一年達成自己的目標，真心的為自己感到驕傲。我希望透過旅行開闊視野，並啟發不一樣的想法，讓自己人生不斷的升級。

人生就是要感受美好的事物，不斷調整自己的觀景心態，才能在旅途中獲得感悟，盡情享受人生。

李方桂的夢想清單

用心地寵愛自己吧！

梁淑美

一九六三年五月生，不知是金牛還是雙子座，音樂產業深耕三十四年。二〇〇九年移居北京工作。

旅行的探索始於某藝人北京錄音時自費隨行；女兒出國唸書前十一天的日本行；之後以各種理由規劃了落地後放下背包就能出門走走的機會，西藏、雲南、西雅圖、猶他州的鹽湖城以及布拉夫、加州、紐約、阿根廷。

旅行中的所有未知是生活動力和養分，尤其對身體裡藏著個不安定的靈魂的我！

我喜歡偶爾讓自己去面對未知的情況，
一個人面對一切不可預期的、來自於其他人的安排，
是一種刺激，也是一種對自我的挑戰。

漂洋過海 來到阿根廷

我很少對未知有過多的期待，從踏上旅程的那一刻開始，用眼睛去觀察、用心去體會，對目的地的傳統建築，以及歷史遺留的人事物，我會更多一些好奇與探索。

原本我想去的是古巴，在網路上搜尋關於古巴的相關資料時，看到 Eric 寫的那本《古巴，你好！》而知道他有帶隊古巴的經驗，想看看下一次的古巴行程是何時，又因為疫情三年，無法做任何旅行計畫，就先追蹤了 Eric 的臉書。元本旅遊今年第一次的古巴行程在五月，我正在忙於深圳、麗江的「簡單生活節」無法參加，但想去旅行的念頭遲遲未獲得滿足。

後來決定去阿根廷的理由，說來也有趣：一部分是由於國一時的男朋友移民去了阿根廷定居，雖然我並不知道他是否還在阿根廷，或已去了其他國家，但我就是抱持著一個「漂洋過海來看你」的心情；二是去年底我為自己的人生制定了一些較大的調整，包含希望從六十歲這年開始，盡可能每年為自己安排一個去陌生國家深度旅遊的機會。又因為領隊 Eric 是在阿根廷長大的，我預期應該可以有不同於其他領隊的深度玩法，且過去沒有南美洲旅行的經驗，想嘗試看看，就在去年底報名了。因為沒有打算要在旅行前做功課，只查了氣候如何，並預先購買了這次長途旅行需要的衣物，所以對所有未知的安排都非常期待！

這次旅程有八對夫妻、兩組母女、一對姊妹、三組結伴旅遊的好友、五位包含我在內的單身女性，共三十五位。我在決定跟團的那一刻，就已做好了必須配合其他團員行動的心裡準備。凡是單身報名者，旅行社通常會協助配對。而我是獨自報名的，因為需要有自己的空間，所以要求一個人住一間房，也準備好獨自面對並解決可能會遇到的任何問題。在整趟旅程中，我不希望大家把自己當特例來安排，造成其他團員的負擔和困擾，畢竟長途旅

添購的厚重衣物會在冰天雪地的烏斯懷亞派上用場！

行需要長時間一起面對行程中的各種情況。但令我感動的是，有兩位年輕女孩一知道我是單身旅行，就決定一路上都顧著我，不希望我落單，非常熱情且貼心。

由於工作經驗的關係，我行事上比較像媽媽，總會走在所有人的後面，不希望有任何人跟不上腳步而落單，也會習慣觀察團員是否有需要幫助的時刻，分擔領隊照顧三十五位團員的壓力。不論是著急上廁所，或是太太無法一人綁行李綁帶，先生又剛好不在旁邊，搭把手可以讓每個人不孤單且順利跟上團隊！

與同行夥伴在冰川上乾杯。

獨自旅行的勇氣

對於一個人上路旅行，影響最大的是當年決定出發前往猶他州的布拉夫，一邊開車、一邊查看攤開在副駕駛座上的地圖，仔細核對我事先用紅黑粗簽字筆畫好的、從鹽湖城機場開往布拉夫的路線。我一路上越過許多小時候曾在電影《虎豹小霸王》（*Butch Cassidy and the Sundance Kid*, 1969）中看到的岩石山谷，雖然沒有遇見可能會把車速過快的車子撞飛的麋鹿，但巧遇了足足有半個人高的灰色野兔，牠在黑夜裡站立著用一雙亮晶晶的雙眼看著我。這獨自冒險的快感，也激發了我現在單獨前往阿根廷的勇氣。

① ② ③

①：【阿根廷的街景】不論去哪個國家旅行，我都會留下一張象徵城市活力的街景照，日後可以清楚回憶這個城市的氣息。

②：遠遠望去，天空中布滿厚重的雲層。

③：途中遇上與我們一起躲雨的卷冠藍鴉。

與太陽相約

因搭乘小火車前往伊瓜蘇國家公園的緣故，我們會與來自不同國家、城市的其他旅人同坐一個車廂，聽到對面不同國籍的旅者們相互討論著他們分別去過的景點，我忍不住將行程中拍下來的照片跟他們分享，坐我正對面、來自美國的老夫妻看了照片後對我說：「妳全都走遍了呢！」後來在去搭乘橡皮快艇的樓梯時，又巧遇了這對美國老夫妻，老先生一眼就認出了我，他立即跟我招手：「Hi again!」。

當終於抵達國家公園，看到伊瓜蘇瀑布的那一瞬間，多麼令人驚豔！是這趟旅程中我最想記住的時刻！大自然的鬼斧神工將包含魔鬼咽喉瀑布在內，共三百七十五個瀑布一次展現在我的視野裡，非僅「震撼」二字

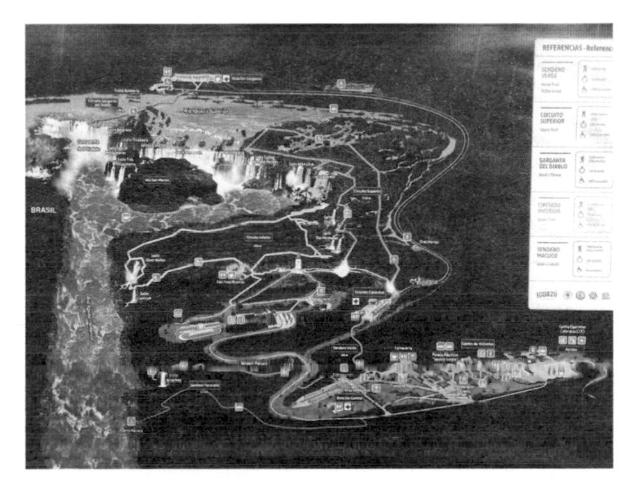

上：觀賞瀑布的路線圖！

下：令人震撼的瀑布景致。

可形容！這讓我想到猶他州的鵝頸州立公園（Goosenecks State Park），同樣是大自然的神妙造物，親眼見識時的心境皆難以用文字形容，請大家務必親眼去看看吧！當時團員裡一位愛攝影的男孩子對我說：「看見瀑布的那一瞬間，眼淚忍不住就流了下來！」

我們在不斷落下的冰冷雨水中觀看伊瓜蘇瀑布群後，前往搭橡皮艇的地點，期待能近距離接觸瀑布，卻看見前面梯次的其他遊客滿臉失望、疲累的表情，我心裡忐忑不安想著：該不會因為雨過大而取消這個活動吧？然而在順利搭上了接駁卡車、橡皮艇，抵達瀑布群的那瞬間，太陽竟然開心的露了臉，還出現了兩道彩虹，大家歡呼著紛紛拿出相機拍照。

我忍不住對領隊說：「現在大家應該明白下午兩點的班次是刻意的安排，因為元本跟太陽約好了！」

最終我帶回了善意

到了這個年紀，我已經對一般常見的紀念品沒有購買欲望，但仍然會期待能夠留下一個真正屬於當地的產品。

因為阿根廷人的英語有一個較重的當地口音，無法立刻理解語意，我花了比較多的時間才總算買到一本介紹當地原住民生活的書籍，並在酒莊餐廳購入幾個聽說是當地人製作的瑪黛茶杯，最後在機場免稅店裡經 Eric 推薦買了一個公益團隊製作的、非常非常特別的瓶子。

而當我在百貨公司地下室的一間小書店裡，試圖尋找兩本法國作家的童書，但我手上只有從博客來、京東等網路上搜尋到的中文簡體版封面照片，書店裡的三位女性工作人員非常認真地在電腦系統和書架上，幫我尋找幾乎乏人問津的書籍，沒想到真的在書架最高層找出來布滿灰塵的、我心心念念的兩本童書。儘管這兩本書並非阿根廷當地特色的產品，但我想自己真正帶回的應該是屬於阿根廷人民友好且熱情的善意。

同團一位醫生大哥說得好：旅行就是看世界、看眾生、看自己。這也是我喜歡旅行的唯一原因，世界這麼大，還有很多人事物我們完全沒有看過、接觸過。

二〇二〇年因參演《夢想之地》（*Minari*, 2021）而獲得奧斯卡金像獎的韓國籍演員尹汝貞（윤여정，1947-），在接受《紐約時報》採訪時她曾說過這麼一段話：

「六十歲後，我決定要奢侈生活！
所謂奢侈，就是只和自己喜歡的人合作。」

所以六十歲開始，我決定用心地寵愛自己！

梁淑美的夢想清單

永不停歇的旅行步伐

珠珠

喜愛烹飪，但是叫得出名號的菜都煮不出來！真功夫是無菜單料理。

興趣是「拈花惹草」，喜歡多肉自成一格；健走、踏青就是健康湧泉！

熱愛旅遊，更愛工作；適度旅遊是忙碌之餘的必需品。

為了追夢所以展開一趟又一趟的旅程。

我認為，世界上並不存在「完美的旅程」，
而這份「不完美」也正是我繼續向前的動力。

平常在家裡時，轉動地球儀就是我環遊世界的方法！

自從二〇一六年十一月買了一個自認蠻有質感的地球儀，我便常常閒來無事就喃喃自語：「地球是圓的……雖然不知道如何劃分最東和最西的國家，但至少可以來個最北與最南的國度！」

於是——前往最南國度「阿根廷」旅遊的衝動，就這樣在心中慢慢燃起！

夢想的起點

我曾於二〇一九年去過秘魯，也正是這趟旅程，顛覆了我過去對南美洲的刻板印象。以前總覺得南美洲的天空中總是覆蓋著一片霧濛濛的灰色，卻沒想到，在我親臨過美麗的天空之城「馬丘比丘」（Machu Picchu）、在的的喀喀湖（Titicaca Lago）上的蘆葦島和小朋友同樂、欣賞壯闊的納斯卡線（Líneas de Nazca）畫作，到壯闊的鳥島上與小動物們為伍、在廣袤的伊卡（Ica）沙漠中飆沙……，回想起這些經歷，我都會有一種發自內心的感動，每

秘魯之旅開啓了我對南美洲其他國家的嚮往。

每想到總忍不住嘴角上揚，遊玩秘魯的時光是如此美妙！也讓我對於即將到來的阿根廷之旅充滿了更多期待。

老實說，在出發前我對阿根廷的認識非常表面。首先是足球很厲害的梅西，我想這是眾所周知的阿根廷名人吧！接著是阿根廷人相當喜歡吃肉，簡直是無肉不歡，可惜我在第三天就舉白旗投降了……無比想念我家老爸種的各種絲瓜、胡瓜、地瓜葉等等青菜啊！

而我雖然一直都知道，探戈舞的發源地就在阿根廷，但也僅僅是「知道」而已，本身對探戈舞可說是一竅不通。後來在元本旅遊的行程安排中看到了「觀賞阿根廷國粹探戈秀」一項，於是特別在出發前學了一點點探戈的基本步伐，心裡盤算著：萬一被邀請上臺同樂、小跳一下，才不至於手足無措。結果表演中並沒有這種環節設計，只是我多慮了！

阿根廷戰友！

在此行程出發前最讓我擔憂的是「室友問題」。由於這是我第一次獨自參加旅行團，又常在網路上看到受不良室友而影響整趟旅程興致的抱怨文章，於是我便懷揣著不安的心情踏上這趟阿根廷之旅，卻沒想到，這次旅遊最讓我驚喜且感動的，就是這些一起上山下海的團員們。其中又不得不提到團員「成哥成嫂」，他們總是穿著情侶裝，可以感覺到他們之間琴瑟和鳴、相敬如賓，其他團員也都很期待他們每天上演的「時裝秀」呢！再來說說我們的精神領袖「不支薪副領隊」，他是位醫生，據說有「醫學界的吳宗憲」之稱！每當他一出場，就是歡笑一籮筐，擁有磁鐵般的個人魅力。團員「大小姐」則是我們的開心果，別看她嬌滴滴的模樣，上山下海難不倒她。她本身是空

原本素昧平生的團員們，在多日的朝夕相處下漸漸有了革命感情。

姐出身，什麼好吃？什麼必買？找她準沒錯！

當然啦，上述幾位也是因為團員們皆懂得彼此欣賞，旅程中相互配合與體諒，所以才更能襯托他們的好啊！

處處皆美景

這次阿根廷的行程中，我最喜歡的就是烏斯懷亞和火地島國家公園了！

甫一踏進烏斯懷亞領土，哇哦！多麼清新美妙的空氣！我深深地吸了一口，真想來對翅膀，翹起二郎腿，飛上天空悠遊。這城市中有著如調色盤般的斑斕景色，卻又融合得渾然大成，簡直美得不可思議。

而一來到火地島國家公園的入口，我便覺得自己猶如置身於一幅幅美麗的畫作中，隨意按幾下快門，就是一張張明信片的誕生。如果可以再來杯咖啡，那就堪稱完美了！

搭乘蒸氣小火車緩緩進入火地島國家公園，駛進一彎又一彎軌道時，一幕又一幕的美景接踵而至，團員們此起彼落地發出了興奮的讚嘆聲，每個人都一臉滿足地靜靜欣賞、聆聽解說，大家對於眼前的景象都十分享受！

領隊說，驗票入口處的迴廊之前曾掛有青天白日滿地紅的國旗，不過現在已經找不到了！幸好團員鐵小娜準

一片白雪蒼茫的火地島國家公園，美得令人讚嘆。

備周全，買了國旗貼紙，我們把貼紙往臉上一貼，愛國情操頓時湧上心頭，我與副領隊不由地哼唱起兩句國旗歌：「山川壯麗，物產豐隆……」相視而笑，原來我們都還記得那首青天白日滿地紅的國旗歌呀！

上：穿上裝備，小心翼翼地攀爬！
下：大家配著由冰川形成的冰塊，享用美食與美酒。

除了烏斯懷亞的火地島國家公園以外，我也喜歡在大冰川國家公園穿冰爪行走冰川健行的體驗。雖然我之前就曾於二〇一六年嘗試過，但這次卻還是相當興奮！吃完午餐並短暫休息過後，我們套上了冰爪，開始練習踩踏的節奏，沒想到在這廣大的冰川上，我們卻必須如履薄冰地行進。抵達終點後，團員們歡樂舉杯慶祝自己創下的「壯舉」，接著再沿路走回岸邊，和六十五歲以上無法參加冰川健走的團員們會合，這也讓我深深體悟到，夢想還是要趁年輕的時候趕快去實踐啊！

食物就是旅行的靈魂

我個人偏好吃麵食類，同時也對水餃、披薩的麵皮要求比較苛刻，簡直是刁嘴一族。不過領隊Eric帶我們去一家披薩的傳統老店，連如此刁鑽的我都不禁讚道：「真是簡單的好味道！好好吃！」甜點冰淇淋也超棒！真心推薦，如果你有去阿根廷旅遊，就一定要來這家傳統披薩老店「Los Inmortales」，這令人回味無窮的美妙滋味，至今想到我依舊忍不住垂涎三尺呢！

而本次旅程不只讓我們體驗吃，更安排了讓我們親自動手做料理的環節。剛進場的時候，副領隊便說：「這是年輕人才會喜歡的！」然而當廚師帽一戴上，每個人都立刻變身成一副專業料理達人的模樣！餐廳準備的食材也令人食指大動，再搭配一杯又一杯的紅酒，真

傳統披薩老店裡的裝潢也是十分復古。

的有種隱隱約約的微醺感。

而除了紅酒之外，瑪黛茶更是不可或缺的特色飲食，它是阿根廷的國民茶，我們也入境隨俗地學習餐後如何飲用瑪黛茶，據說瑪黛茶唯獨生產在伊瓜蘇這片紅土區域上呢！

不完美的完美

我認為，世界上並不存在「完美的旅程」，而這份「不完美」也正是我繼續向前的動力。旅程結束後，我開始細數這趟阿根廷之旅中的小缺憾：

首先，我本來計劃著要在首都布宜諾斯艾利斯地標——七月九日大道方尖碑下晨跑，但不知道為什麼總是錯過時間，大概是旅遊中太放鬆了，總是沒辦法準時起床，唉！

接著是在探戈發源地博卡區，那兒有著色彩繽紛的建築物，而在屋前留下探戈服裝照也是我的計畫之一，無奈當下都沒有團員想一起行動，怕被說不合群的我也只能作罷，現在想來可真是後悔莫及啊！

博卡區的彩色屋，真想穿著探戈服在這兒留影。

最後是4×4越野車雪地之旅，是這趟行程中我相當期待的一項行程，因為我去秘魯有坐過，覺得超好玩！令人印象深刻呢！從這次行程介紹的圖片看起來，那4×4越野車更高級，想必更炫更酷！但很可惜越野車行程因天氣關係臨時取消，據說上午的車輛都還卡在山上沒辦法下來呢！雖然惋惜，卻也是無可奈何。

這趟旅程也讓我更深刻地體悟到：每趟旅行都會讓人驚豔，而不同心境也會讓我們對這段旅途產生不同解讀。很幸運的是，這次的阿根廷之旅中，美好的人、事、物一直相隨左右，也讓我對下一趟旅程更抱有期待，蓄勢待發、醞釀能量，等待下一次遠走他鄉！

珠珠的夢想清單

我的夢想清單03　PE0217

追夢阿根廷

探索萬年冰川 漫步南美巴黎

作　　者　達特克里斯、利翠珊、Ken、鐵小娜、沈卡洛、劉兆明、李方桂、梁淑美、珠珠
責任編輯　劉芮瑜、邱意珺
圖文排版　莊皓云
封面設計　王嵩賀

主題策劃　元本旅行社
出版發行　釀出版（秀威資訊科技股份有限公司）
114 台北市內湖區瑞光路76巷65號1樓
電話：+886-2-2796-3638　傳真：+886-2-2796-1377
服務信箱：service@showwe.com.tw
http://www.showwe.com.tw
郵政劃撥　19563868　戶名：秀威資訊科技股份有限公司
展售門市　國家書店【松江門市】
104 台北市中山區松江路209號1樓
電話：+886-2-2518-0207　傳真：+886-2-2518-0778
網路訂購　秀威網路書店：https://store.showwe.tw
國家網路書店：https://www.govbooks.com.tw
法律顧問　毛國樑　律師
總 經 銷　聯合發行股份有限公司
231新北市新店區寶橋路235巷6弄6號4F
電話：+886-2-2917-8022　傳真：+886-2-2915-6275

出版日期　2024年2月　BOD一版
定　　價　450元

讀者回函卡

Printed in Taiwan

國家圖書館出版品預行編目

追夢阿根廷：探索萬年冰川 漫步南美巴黎 / 達特克里斯, 利翠珊, Ken, 鐵小娜, 沈卡洛, 劉兆明, 李方桂, 梁淑美, 珠珠合著. -- 一版. -- 臺北市：釀出版, 2024.02

面； 公分. -- (我的夢想清單；3)

BOD版

ISBN 978-986-445-907-0(平裝)

1. CST: 遊記 2. CST: 阿根廷

757.29 112021969